はじめに

　本書は、世界最大のニュース専門テレビ局である**CNNの人気番組**「**CNN10**」から、1本2分前後の**ニュース12本を選りすぐって収録**したものです。

　「CNN10」は、日本の英語教育関係者の間では、「CNN Student News」という以前の番組名で広く知られています。その旧名からも想像できるように、主にアメリカの高校生向けに制作されている10分間の番組で、世界のいろいろな出来事が、とても分かりやすく説明されています。興味深く、しかも簡潔にまとまっているそれらのニュースは、**日本の英語学習者にとっても最適のリスニング素材**と考えられているのです。

　本書のご購入者は、CNNの放送そのものである「natural」音声に加え、ナレーターが聞きやすく読み直した「slow」音声をMP3形式でダウンロードすることができます。ですから、初級者でも安心してリスニング練習ができます。

　また、紙版と同一内容の電子書籍（PDF版）を無料でダウンロードできるサービスも付いていますので、スマートフォンなどに入れておけば学習がとてもしやすくなるでしょう。取り上げた**ニュースの動画がご覧になれる**のも、本書の大きな特長です。

　都合により、今回は森勇作先生の文法コラムはお休みします。英語で世界の動きを体感しながら、本書をぜひ学習に役立ててください。

2021年2月
『CNN English Express』編集部

本書の構成と使い方

本書では各ニュースが 3 見開き (6 ページ) に掲載されており、以下のように構成されています。

最初の見開き

番組のアンカー (司会者)
Carl Azuz (カール・アズーズ)。
ユーモアあふれる語り口が人気。

アクセント
「natural」音声の
CNN のアクセント
を示しています。

ニュースの背景
ニュースの背景や
基礎知識について
解説しています。

IT/SCIENCE

News 01
Herd Immunity and Coronavirus Vaccines
集団免疫とコロナウイルスワクチン

世界各国で医療従事者や高齢者、基礎疾患を抱える人たちから順番に新型コロナウイルスの接種が始まっている。その一方で、効果を疑問視したり、副反応を心配する声も少なくなく、接種を拒む人たちもいる。日本では一般市民への接種は夏以降になりそうだが、ワクチンを接種すればすぐにもとの生活ができるのか。科学者たちによっては解明されていないことも多く、マスクをはずすのはもう少し先のことになりそうだ。

新たな変異種の脅威

natural 2 / slow 5

AZUZ: A CNN medical analyst says the United States might have passed the peak of new coronavirus cases. /

But a former commissioner from the U.S. Food and Drug Administration says there's a new variant of COVID-19, a new strain of it, that could cause another increase in coronavirus cases. /

He says the silver lining there is that a lot of people will have already been infected with the disease and will be immune to it, and a lot of others will be getting a new emergency vaccine.

▶ AZUZ | アメリカ英語

難易度 ★★☆

アズーズ CNN の医療アナリストは、米国の新型コロナウイルスの患者数は峠を越えたかもしれないと話します。 /

しかし、アメリカ食品医薬品局の元局長によると、COVID-19 の新しい変異種が出現し、その新しいウイルス株がコロナウイルス患者の増加を再び引き起こす可能性があると言います。 /

彼が言うには、そこでの希望は、多くの人々がすでにこの病気に感染したであろうことから、免疫ができており、他の多くの人々は新しい緊急のワクチン接種を受けるだろうという点です。

herd immunity: 集団免疫
coronavirus: コロナウイルス
vaccine: ワクチン
medical: 医療の
analyst: 分析者、アナリスト

pass a peak:
ピークを過ぎる、峠を越す
case: 症例、患者
former: 元の、かつての
commissioner:
(官庁の) 長官、委員
silver lining: 希望の光

variant: 異形、変異
COVID-19:
新型コロナウイルス感染症
strain: (細菌やウイルスの) 株
increase: 増加、増大

infected: 感染した
disease: 病気、疾患
immune: 免疫があって
emergency: 緊急の

💡 **理解のポイント**
①の might have 過去分詞は、「〜したかもしれない」という意味で、「過去」の出来事に関する推量を表している。
②は主格の関係代名詞 that に導かれる節で、後ろから a new strain を修飾している。
③は未来完了形で、この場合は未来のある時点までに行為が「完了」することを表している。

12 | Herd Immunity and Coronavirus Vaccines

集団免疫とコロナウイルスワクチン | 13

ニュースのトランスクリプト
CNN10 ニュースのトランスクリプト (音声を文字化したもの)。

語注

理解のポイント
分かりにくい部分の文法的な解説などの情報が記載されています。

音声のトラック番号

2種類の音声が用意されています。「natural」はCNNの放送そのままの音声、「slow」は学習用にプロのナレーターが読み直したものです。

文の区切りを分かりやすくするため、／（スラッシュ）を入れてあります。

集団免疫を獲得する2つの方法

🎧 natural 🎧 slow

IT/SCIENCE ⚙

This is how herd immunity is achieved. / It's when most of a population becomes immune to a disease and it can happen in two main ways: either enough people have recovered from the illness and developed immunity naturally, or a drug like a vaccine prevents people from getting sick in the first place. /

Scientists don't know yet if the two approved vaccines work against the new COVID variant./

DR. LEANA WEN (CNN MEDICAL ANALYST): If you've received the vaccine but others around you haven't, you still have to follow precautions.

CNN REPORTER／アメリカ英語

集団免疫は次のように獲得されます。／ 人口のほとんどがある病気に免疫ができる場合を言い、主に2つの方法で起こり得ます。すなわち、その病気から回復して自然に免疫を獲得した人の数が十分であるか、ワクチンなどの薬が人々がそもそも発病するのを防ぐかのどちらかです。／

科学者はまだ承認された2つのワクチンが新しいコロナの変異種に効くかどうか分かっていません。

リエナ・ウェン博士 (CNN医療アナリスト)　あなたがワクチンを受けても、周囲の人が受けていない場合には、まだ予防措置に従わなくてはなりません。

アメリカのコロナ感染者数はピークを過ぎたと見られるものの、新たな変異ウイルスに対する警戒態勢が高まっている。

ワクチン接種も集団免疫獲得のために有効だ。

☑ **ニュースのポイント**

● 新型コロナウイルスの変異種に対抗するために集団免疫が期待される。
● 集団免疫を実現する方法のひとつがワクチン接種だ。
● ワクチンを打っても、他人を感染させる可能性がある。

achieve: ～を獲得する、得る
population:
人口、(ある地域に住む)全住民
recover:
(病気などから)回復する

illness: 病気
develop: ～を発達させる
naturally: 自然に
drug: 薬、薬品

prevent ... from:
—が～するのを防ぐ
get sick: 発病する、病気になる
in the first place: そもそも

approved: 承認された
work: 効き目がある、効果を発揮する
follow: ～に従う、～を守る
precaution: 予防措置

☛ **理解のポイント**
④のandによって文同士が並列されている。
⑤はeither AまたはBを意味する構文で、orによって文同士が並列されている。

14 | Herd Immunity and Coronavirus Vaccines

集団免疫とコロナウイルスワクチン | 15

ニュース番組の映像とそれに付随する情報を掲載しています。

Let's try to answer!

最後の見開きには、ニュースに関連した質問が入っています（サンプル回答は84～95ページに掲載）。

ニュースのポイント

中間の見開きには、内容をざっくりつかむために、ニュースのポイントをまとめてあります。

オンラインサービスについて (購入者特典)

下記のURLから（検索せずに、アドレスバーにURLを直接入力してください）、またはQRコードを読み取って、オンラインサービスの登録を行ってください。

https://www.asahipress.com/cnn10/ha21fp/

ニュース動画

本書で取り上げたトピックのニュースの動画を、無料で視聴（ストリーミング形式）することができます。学習にお役立てください。

ここが便利！

▶ 取り上げたニュースの完全動画を視聴できる。（書籍は各2分前後に編集）

▶ 字幕（英語・日本語・なし）を選べる。

電子書籍版（PDF）

スマートフォンやタブレット、パソコンなどで本書の電子書籍版（PDF）をダウンロードすることができます（音声データは含まれません）。

ここが便利！ ▶ スマートフォンやタブレットなどに入れておけば、外出時に本を持ち歩かなくても内容を文字で確認することができる。

※ QRコードは（株）デンソーウェーブの登録商標です。

音声（スマートフォンをお使いの場合）

音声再生アプリ「リスニング・トレーナー（リストレ）」を使って、MP3と同一内容の音声をスマートフォンやタブレットにダウンロードすることができます。

1
App Store または Google Play ストアでアプリをダウンロードする。

2
アプリを開き、「コンテンツを追加」をタップする。

3
カメラへのアクセスを許可する。

4
スマートフォンのカメラでこのQRコードを読み込む。

5
読み取れない場合は、画面上部の空欄に01225を入力してDoneを押す。

6
My Audio の中に表示された本書を選ぶ。

7
目次画面の右上の「Play All」を押すと、最初から再生される。

8
特定の音声を再生したい場合には、聞きたいものをタップする。

9
音声が再生される。

音声（パソコンをお使いの場合）

以下の URL から音声をダウンロードできます。

https://audiobook.jp/exchange/asahipress

音声ダウンロード用の
シリアルコード番号　**01225**

※ audiobbok.jp への会員登録（無料）が必要です。
すでにアカウントをお持ちの方はログインして下さい。

効果的な学習法

「CNN10」は、主にアメリカの高校生向けのニュース番組です。とはいっても、ネイティブスピーカーを対象に制作されているため、話される英語のスピードは一般のニュース番組とあまり変わりません。英語の速さに慣れ、内容を理解するためには、以下の手順でトレーニングを行えば、より高い効果が期待できます。

Step 1 〉 「ニュースの背景」に目を通して、英文（トランスクリプト）を見ずにナチュラル音声 ⌒ で聞いてみる。

まずは細かい部分は気にせずに、全体的な内容をつかむ意識で、ひとつのニュースを通して聞いてみましょう。

Step 2 〉 英文を見ながらもう一度音声 ⌒ を聞き、聞き取れなかった箇所の音と文字を確認する。その上で、⌒ の音声に合わせて自分でも音読してみる。

ネイティブの音声に合わせた音読は、発音の向上はもとより、読み飛ばしなどを防ぎ、正確なリーディング力の向上にも役立ちます。

Step 3 〉 日本語訳を見て、自分の理解と照らし合わせる。

日本語訳・語注を参考にしながら、ニュースで話されている内容への理解を深めましょう。

Step 4 〉 英文を見ずに ⌒ のシャドーイングを行う。慣れたらナチュラル音声 ⌒ にも挑戦する。

シャドーイングは、文字を見ずに、聞こえてきた音声をまねて自分でも言ってみるものです。リスニングとスピーキングの両方の力がつきます。

Step 5 〉 「Let's try to answer!」を読み、自分なりの回答を考えてみる。

質問に対する答えをまず英作文して書き出し、次に声に出して言ってみましょう。ライティングとスピーキングの力がつきます。

CNN
Student
News
初級者からの
ニュース・リスニング

Herd Immunity and Coronavirus Vaccines

集団免疫とコロナウイルスワクチン

CNN 10

新たな変異種の脅威

natural 2 | slow 5

AZUZ: A CNN medical analyst says the United States ①might have passed the peak of new coronavirus cases. /

But a former commissioner from the U.S. Food and Drug Administration says there's a new variant of COVID-19, a new strain of it, ②that could cause another increase in coronavirus cases. /

He says the silver lining there is that a lot of people ③will have already been infected with the disease and will be immune to it, and a lot of others will be getting a new emergency vaccine.

---

herd immunity: 集団免疫
coronavirus: コロナウイルス
vaccine: ワクチン
medical: 医療の
analyst: 分析者、アナリスト

pass a peak:
ピークを過ぎる、峠を越す
case: 症例、患者
former: 元の、かつての
commissioner:
（官庁の）長官、委員

variant: 異形、変形
COVID-19:
新型コロナウイルス感染症
strain:（細菌やウイルスの）株
increase: 増加、増大
silver lining: 希望の光

世界各国で医療従事者や高齢者、基礎疾患を抱える人たちから順番に新型コロナワクチンの接種が始まっている。その一方で、効果を疑問視したり、副反応を心配する声も少なくなく、接種を拒む人たちもいる。日本では一般市民への接種は夏以降になりそうだが、ワクチンを受けさえすれば、すぐにもと通りの生活ができるのか。科学者たちによってまだ解明されていないことも多く、マスクを外すのはもう少し先のことになりそうだ。

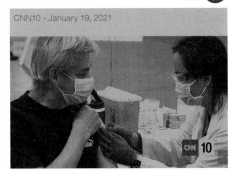

CNN10 - January 19, 2021

AZUZ｜アメリカ英語　　　　　　　　　　　　　　難易度 ★★☆

アズーズ　CNNの医療アナリストは、米国の新型コロナウイルスの患者数は峠を越えたかもしれないと話します。／

　しかし、アメリカ食品医薬品局の元局長によると、COVID-19の新しい変異種が出現し、その新しいウイルス株がコロナウイルス患者の増加を再び引き起こす可能性があると言います。／

　彼が言うには、そこでの希望は、多くの人々がすでにこの病気に感染したであろうことから、免疫ができており、他の多くの人々は新しい緊急のワクチン接種を受けるだろうという点です。

infected: 感染した
disease: 病気、疾患
immune: 免疫があって
emergency: 緊急の

📣 **理解のポイント**

①の might have 過去分詞は、「〜したかもしれない」という意味で、「過去」の出来事に関する推量を表している。
②は主格の関係代名詞 that に導かれる節で、後ろから a new strain を修飾している。
③は未来完了形で、この場合は未来のある時点までに行為が「完了」することを表している。

集団免疫を獲得する2つの方法

This is how herd immunity is achieved. / It's when most of a population becomes immune to a disease and it can happen in two main ways: either enough people have recovered from the illness and developed immunity naturally, or a drug like a vaccine prevents people from getting sick in the first place. /

Scientists don't know yet if the two approved vaccines work against the new COVID variant. /

DR. LEANA WEN (CNN MEDICAL ANALYST): If you've received the vaccine but others around you haven't, you still have to follow precautions.

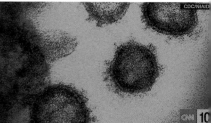

アメリカのコロナ感染者数はピークを過ぎたと見られるものの、新たな変異ウイルスに対する危機感が高まっている。

achieve: 〜を獲得する、得る **population:** 人口、(ある地域に住む) 全住民 **recover:** (病気などから) 回復する	**illness:** 病気 **develop:** 〜を発達させる **naturally:** 自然に **drug:** 薬、薬品	**prevent ... from:** …が〜するのを防ぐ **get sick:** 発病する、病気になる **in the first place:** そもそも

CNN REPORTER | アメリカ英語

　集団免疫は次のように獲得されます。／ 人口のほとんどがある病気に免疫ができる場合を言い、主に２つの方法で起こり得ます。すなわち、その病気から回復して自然に免疫を獲得した人の数が十分であるか、ワクチンなどの薬が人々がそもそも発病するのを防ぐかのどちらかです。／

　科学者はまだ承認された２つのワクチンが新しいコロナの変異種に効くかどうか分かっていません。

リエナ・ウェン博士 (CNN医療アナリスト)　あなたがワクチンを受けても、周囲の人が受けていない場合には、まだ予防措置に従わなくてはなりません。

ワクチン接種も集団免疫獲得のために有効だ。

approved: 承認された
work: 効き目がある、効果を発揮する
follow: 〜に従う、〜を守る
precaution: 予防措置

☑️ **ニュースのポイント**
● 新型コロナウイルスの変異種に対抗するために集団免疫が期待される。
● 集団免疫を実現する方法のひとつがワクチン接種だ。
● ワクチンを打っても、他人を感染させる可能性がある。

👉 **理解のポイント**
④のandによって文同士が並列されている。
⑤はeither A or Bを意味する構文で、orによって文同士が並列されている。

ワクチンを打っても人には感染する!?

That's because we don't know yet whether the vaccine (6) prevents you from being a carrier of coronavirus. / You could be immune from getting ill yourself but might still transmit the virus to others without knowing it. /

Remember too that it takes time for the vaccine to kick in. / Two-dose vaccines require both doses to be administered, then another two to three weeks to reach a high level of immunity. (7)

ワクチンを接種して本人に免疫ができたとしても、保菌者として感染を広める可能性がまだ残っている。

yet: まだ、今のところは	**without knowing:** 知らずに	**require:** 〜を必要とする
whether: 〜かどうか	**take time:** 時間がかかる	**administer:**
carrier: 保菌者	**kick in:** （薬などが）効く	（薬などを）投与する
transmit:	**dose:** （薬の）1回分	
（ウイルスなどを）伝染させる		

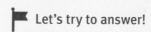

Aired on January 19, 2021

　なぜなら、ワクチンがコロナウイルスの保菌者になることを防いでくれるかはまだ分かっていないからです。/ 自分自身が病気になることには免疫ができるかもしれませんが、知らずにウイルスを他人に移してしまう可能性がまだあります。/

　また、ワクチンが効くまでには時間がかかることも覚えておいてください。/ 2回接種するワクチンは両方を投与する必要があり、高いレベルの免疫を獲得するには、それからさらに2〜3週間かかります。

感染対策を続けるように呼びかけるウェン博士。

reach: 〜に達する
high level of: 高水準の

📢 **Let's try to answer!**

Are you willing to get a vaccine?
Why?

👉 **理解のポイント**
⑥のwhetherは文の目的語となる名詞節を導いている。
⑦は不定詞の副詞的用法で、「〜するために」という目的を表す。

The Future of the Office
未来の働き方とは？

予想を超えて長期化する在宅勤務

natural 8　slow 11

CNN REPORTER: This was the year working from home went mainstream right around the world. / This was a "How to work from home" video that I made all the way back in March. / I thought this might be the way of things for a couple of months. / Wow, did I get that wrong. /

Twitter is one company that's embraced the change and is allowing some employees to choose to work from home permanently.

---

future: 未来、将来
office: 会社、オフィス
work from home:
在宅勤務をする
go mainstream: 主流になる

around the world: 世界中に
all the way back:
ずっと昔に遡って
things: 物事、事態

couple of months:
数カ月、2〜3カ月
get...wrong:
…を間違える、誤解する

2020年春に外出自粛が言い渡された当初、それは数週間から長くてもせいぜい数カ月だろうと考えられていた。しかしながら、新型コロナウイルスのパンデミックの予想外の長期化により、いまだに働き方が変わってしまったままの人も少なくない。「CNN10」もリモートスタジオから番組が伝えられている。アメリカ内外の企業からは、この状況が果たしていつまで続くのかという声が聞こえてくる。

CNN REPORTER | イギリス英語　　　　　　　　　難易度 ★★★

CNN記者　今年は在宅勤務がまさに世界中で主流となった年でした。/ これはずっと前、3月に私が作った「在宅勤務の方法」の動画です。/ 数カ月は物事がこんなふうになるかもしれないと思っていました。/ 私はまったく読み違えていました。/

　ツイッター社はこの変化を受け入れ、一部の従業員にこのままずっと在宅勤務を選ぶことを認めた会社です。

embrace: 〜を受け入れる、採用する
change: 変化
allow...to do: …に〜することを認める
permanently: 永久に、いつまでも

👉 **理解のポイント**

①の the year の直後の working 以下が完全文になっているが、the year と working の間に関係副詞の when を補って考えるとよい。
②は主格の関係代名詞 that に導かれる節で、後ろから a "How to work from home" video を修飾している。
③は SVOC の第 5 文型。
④は主格の関係代名詞 that に導かれる節で、節内では、動詞の has embraced... と is allowing... が並列されている。

natural 9 slow 12

Productivity is critical. / Ninety percent of workers surveyed in the UK said they would like to continue working from home often or all the time. / However, only 70 percent felt they were as productive or more so. /

The shift to remote has had a devastating impact on local economies. / Cafes, bars and shops are reliant on office workers who may never go back to their offices from nine to five, five days a week.

UK SURVEY ON WORKING FROM HOME

> 40% > 30% > 30%
no difference to productivity | productivity increased | productivity decreased

Source: Cardiff University, University of Southampton

CNN 10 / CNN 1

ツイッター社はほとんどの従業員がリモート勤務を行っている。　　英調査では生産性が下がると答えた人が3割いた。

productivity: 生産性、生産力	**UK:** 英国、イギリス (=United Kingdom of Great Britain and Northern Ireland)	**often:** しばしば、頻繁に
critical: 非常に重大な、重要な		**all the time:** いつも、その間ずっと
survey: (人に) 世論調査を行う	**continue:** 〜を続ける、継続する	**productive:** 生産的な
		shift: 変化、転換

　生産性は非常に重要です。／ イギリスで世論調査を受けた労働者の90パーセントが、頻繁にまたはずっと在宅勤務を続けたいと言っています。／ しかしながら、（出社するのと）同じかそれ以上に生産的だと感じた人は70パーセントにすぎませんでした。／

　リモート勤務への転換は、地域経済に壊滅的な影響を与えています。／カフェやバー、そして店舗が依存している会社員たちがこの先、週に5日、9時から5時までオフィスに戻ることは二度とないかもしれません。

出社する人が減り閑散とするイギリスのオフィス街。

remote: リモート、遠隔操作
devastating: 壊滅的な
impact: 影響、衝撃
local economy: 地域経済
reliant: 依存している
office worker: 会社員

☑️ **ニュースのポイント**

● パンデミックによる在宅勤務が長期化している。
● カフェや店舗など地域経済への打撃も深刻だ。
● コロナ後も在宅勤務を希望する声は多いが、生産性の問題も残る。

👉 **理解のポイント**

⑤continue は目的語に動名詞をとることができる。
⑥は主格の関係代名詞 who に導かれる節で、後ろから office workers を修飾している。

natural 10 slow 13

Companies could reduce their office space or give up expensive leases all together. /

The great work-from-home experiment has sparked long-term change in the way that we work, but it isn't for everyone. / Whether it's unsuitable home environments, noisy children or in my case wayward pets – some of us will be hoping to get back to the office in 2021.

この先事務所スペースを減らす企業も出てくると考えられるが、すべての人の住環境が仕事に適しているわけではない。

reduce: 〜を縮小する、減らす	**all together:** 全部まとめて	**long-term:** 長期の
office space: 事務所スペース	**great:** （規模などが）大きい	**whether:**
give up: 〜を明け渡す、手放す	**experiment:** 実験	〜であろうとなかろうと
expensive: 費用のかかる	**spark:** 〜の火付け役となる、	**unsuitable:**
lease: 賃貸借、リース	〜を引き起こす	不適当な、不向きな

　企業は事務所スペースを縮小するか、費用がかかる賃貸借をすべてやめてしまうかもしれません。/

　この大がかりな在宅勤務の実験は、私たちの働き方の長期にわたる変化を引き起こしましたが、在宅勤務がすべての人々に適しているわけではありません。/ それが在宅勤務にそぐわない住環境であれ、うるさい子どもたちや、私の場合には気まぐれなペットであれ —— 私たちの中には、2021年にはオフィスに戻ることを望む人もでしょう。

同居する猫に邪魔されながらリポートする記者。

home environment: 住居環境
noisy: うるさい
case: 場合、状況
wayward: わがまま、気まぐれな

🚩 Let's try to answer!

Is it better to work from home or in an office? Why?

👉 理解のポイント
⑦ では等位接続詞の but によって、has sparked... と isn't for... が並列されている。

Tokyo Olympics To Be Held No Matter What

たとえ何があろうと東京五輪を決行

CNN 10

日本政府が五輪決行を宣言

natural 14 / slow 17

AZUZ: "No matter what," a Japanese official says the Tokyo 2020 Olympics will go on. / And that's our first story this Wednesday. / I'm Carl Azuz for CNN 10. /

The games are still officially called the 2020 Tokyo Olympics even though they were postponed last summer because of the coronavirus pandemic. / They're now set to begin on July 23rd of this year.

---

hold: 〜を開催する	**go on:** （行事などが）行われる	**even though:**
no matter what:	**story:** 話題、ネタ	〜にもかかわらず
たとえ何があろうと	**games:** 競技会	**postpone:** 〜を延期する
official:	**officially:** 正式に、公式に	**pandemic:** 世界的流行病
（政府機関などの）当局者		

東京オリンピック・パラリンピック組織委員会の森会長が辞任、橋本聖子氏が会長に就任するという一連の騒動の中、菅首相は大会実現に向けて勢力的に動いている。2月16日にイギリスのジョンソン首相と電話会談を行い、今夏の東京2020大会の開催に向けて主要7カ国（G7）首脳の協力を要請し、英首相は全面的な支持を表明。アメリカのバイデン大統領は、「五輪開催は科学に基づいて判断すべき」としている。

AZUZ｜アメリカ英語　　　　　　　　　　　　　難易度 ★★☆

アズーズ　「何があろうと」2020年東京オリンピックは行われると、日本政府当局者は言います。／ そしてそれが、この水曜日の最初の話題です。／ CNN10のカール・アズーズです。／

　この競技大会は、昨年の夏にコロナウイルスの世界的大流行のため延期になったにもかかわらず、まだ正式に東京2020オリンピックと呼ばれています。／ 大会は現在、今年7月23日に始まることになっています。

---

set:（期日などを）設定する
begin: 始まる

👉 **理解のポイント**
①では主語＋動詞が挿入されている。

今年行われなければ大会は中止に

natural 15 slow 18

But we've told you how there's been some doubt about that because the disease is still spreading, and Olympic organizers have said, if the 2020 games don't happen this summer, they'll be cancelled altogether. /

Well, here's what's new. / Japan's prime minister says he's determined to hold the Summer Games in Tokyo this year, and the president of the nation's Olympic Organizing Committee says that will happen no matter what's going on with COVID.

新型コロナウイルスの影響が危惧される中、今夏の東京五輪開催への「決意」を表明した菅総理大臣。

doubt: 疑念、懸念	**happen:** 起こる、生じる	**(be) determined to:**
disease: 病気、疾患	**cancel:** 〜を中止する	〜することを決心している
spread: 広がる	**altogether:** 完全に	**president:** 会長
organizer: 組織者、事務局	**prime minister:** 首相	**committee:** 委員会

　しかしお伝えしたように、それについてはいくらかの懸念があります。なぜなら、病気はまだ広がっており、オリンピック組織者たちはもし今年の夏に2020年大会が行われなければ、完全に中止になると述べているからです。/

　さて、新しい情報です。/ 日本の首相は今年、東京で夏の大会を開催することを固く決意していると述べ、同国のオリンピック組織委員会はコロナウイルス感染症がどうなろうとも、それは開催されると言っています。

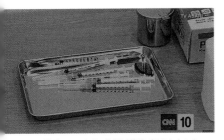

選手へのワクチン接種は義務づけられない？

COVID: コロナウイルス感染症
(=coronavirus disease)

✓ **ニュースのポイント**
- 日本政府が東京五輪を今夏に決行することを表明。
- 東京五輪組織委員会もコロナウイルスに関係なく開催する考えだ。
- IOCも開催実現に前向きの姿勢。

☞ **理解のポイント**
②、③、④では、現在完了形が繰り返し使われ、「(ずっと)〜している」という継続や「(もう)〜した」という完了の意味を表している。

This is significant because there've been reports that Japanese government officials have privately discussed cancelling the games. / That government has publicly called those reports categorically untrue. /

For its part, the International Olympic Committee which is based in Switzerland has said it's committed to holding the Olympics and Paralympics in Tokyo this summer.

いまだパンデミックの影響が大きいとして、東京五輪開催に対して否定的な意見の日本国民が少なくない。

significant: 重要な、意味のある	**discuss:** 〜について話し合う	**untrue:** 真実でない、虚偽の
report: 報道、記事	**publicly:** 政府によって、公然と	**for one's part:** 〜としては
privately: 非公式に、内密に	**categorically:** 断固として、きっぱり	**(be) based in:** 〜を本拠地としている

Aired on February 3, 2021

　このことが重要なのは、日本政府の官僚が大会を中止することを非公式に話し合った、という報道があったからです。/ 政府がそれらの報道をきっぱり否定したという報道も。/

　スイスに本拠を置く国際オリンピック委員会としては、今年の夏にオリンピックとパラリンピックを開催することに情熱を注ぐと言っています。

五輪組織委員会は難しいかじ取りを迫られる。

committed:
情熱を注いだ、熱心に取り組む

🏳 **Let's try to answer!**

Do you think the Tokyo 2020 Olympics should be held? Why?

👉 **理解のポイント**
⑤の名詞 reports は後ろに同格の that 節をとることができる。
⑥の動詞 discuss は目的語に動名詞をとることができる。
⑦は主格の関係代名詞 which に導かれる節で、後ろから the International Olympic Committee を修飾している。

Rocketing Value of Bitcoin

ビットコインの高騰とブロックチェーン

ビットコインの価格が史上最高に

AZUZ: ①Bitcoin is also stronger. / One unit of that currency is currently worth almost $33,000 U.S. dollars. / That's why it's often sold in fractions. /

Bitcoin has never been this valuable before. / When this type of digital money is exchanged between two online parties, there are no traditional banks involved. / There are no government regulations involved. / There's also not much to protect people ②who lose Bitcoin if they're scammed, for instance.

---

rocket: (価格が) 急騰する
value: 価値、値段
Bitcoin: ビットコイン
▶インターネット上の仮想通貨。
unit: (通貨の) 単位

currency: 通貨
currently: 現在
worth: 〜の価値がある
fraction: 少量
online: ネットワーク上の

party: 関係者、当事者、団体
traditional: 伝統的な
involve: 〜を含む、必要とする
government regulation:
政府規制

ビットコインの価格がかつてないほど高騰している。新型コロナウイルスによる経済不安がある中、これらの暗号通貨は次第に人々に受け入れられつつあり、それと同時にビットコインを支えるブロックチェーン技術も脚光を浴びている。ブロックチェーンで取引を開始するには相手の認証を受ける必要があるため、不正を防ぐ意味から医療など他の分野での活用も期待されている。

CNN10 - January 4, 2021

News 04

AZUZ｜アメリカ英語　　　　難易度 ★★★

アズーズ　ビットコインもまた、強いです。／ この通貨の1単位は現在、3万3000米ドル近い価値があります。／ そのために、少額で売られることも少なくありません。／

　ビットコインにこれほど価値があったことはこれまでにありません。／ こうしたタイプのデジタル・マネーがインターネット上の2者の間でやり取りされる場合、伝統的な銀行は必要ありません。／ 政府による規制もありません。／ また、例えばビットコインをだまし取られた場合に、その人たちを保護する方法もほとんどありません。

protect: 〜を保護する
lose: 〜を失う
scam: 〜をだまし取る
for instance: 例えば

👉 **理解のポイント**
①番組でこの前に述べられた「ケイマン諸島・ドルは米ドルより強い」を受けている。
②は主格の関係代名詞whoに導かれる節で、後ろからpeopleを修飾している。

Its value has spiked and plunged in the past but it's been on the up and up over the last year. / That's partly because of economic instability ③brought on by coronavirus. / It's partly because more investors are accepting Bitcoin.

CNN REPORTER: Cryptocurrencies like Bitcoin and Ethereum ④have been getting a lot of hype lately. / And while some investors believe that these coins could be the future of money, other experts believe that what's actually more valuable is the underlying technology. / It's known as Blockchain.

ブロックチェーン技術は、共に同じ任務を行う分散型のコンピューターネットワークによって動いている。

spike: 急上昇する	**economic instability:**	**Ethereum:** イーサリアム
plunge: 急落する	経済の不安定性	▶分散型アプリケーションのプ
in the past: 過去に、これまで	**bring on:** 引き起こす、招く	ラットフォーム上で運用されてい
on the up and up: 信頼できる	**investor:** 投資家	る暗号通貨。
partly: 一部分は、ある程度まで	**cryptocurrency:** 暗号通貨	**hype:** 誇大広告、ごまかし
	▶暗号化技術に基づく仮想通貨。	**expert:** 専門家

CNN REPORTER | アメリカ英語

　その価値はこれまで急騰したり急落したりしてきましたが、過去1年にわたり信頼を得ています。/ それは部分的には、コロナウイルスによってもたらされた経済の不安定性によります。/ そして部分的には、ビットコインを受け入れる投資家が増えているためです。

　CNN記者　ビットコインやイーサリアムなどの暗号通貨は最近、かなり大げさに宣伝されています。/ そして、これらのコインがお金の未来になるかもしれないと考える投資家がいる一方で、実はその下にあるテクノロジーの方が価値があると考える専門家もいます。/ それはブロックチェーンとして知られています。

News 04

PayPalもオンライン通貨の受け入れを発表。

actually: 実際は、本当は
underlying: 下にある、土台となる
technology: 科学技術、テクノロジー
Blockchain: ブロックチェーン
▶仮想通貨ビットコインを使用するためのソフトウェア。

☑ **ニュースのポイント**
● ビットコインの価値がかつてないほど高まっている。
● 不正を防ぐブロックチェーン技術がビットコイン通貨を支えている。

☞ **理解のポイント**
③は過去分詞の形容詞的用法で後ろから economic instability を修飾している。
④は現在完了進行形で、「(今まで) ずっと〜し続けている」という動作の継続を表している。

ブロックチェーン技術の強みは透明性

It's basically a public list of transactions, ⑤a more transparent record. / You can think of this digital ledger like a game of dominos. / The blockchain is powered by a decentralized network of computers ⑥that all work on the same task. / No one owns the system, everyone helps run it. /

You may be asking yourself, what's so great about this glorified list? / Well, since the ledger can't be changed after the fact, ⑦getting away with fraud is a lot harder. / Blockchain advocates also argue ⑧that this technology cuts out the middleman by fulfilling the role of institutions like banks and government agencies.

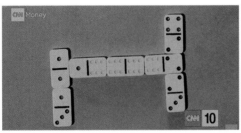

ブロックチェーンはドミノゲームに例えられる。医療記録の保管など他の分野に応用するための実験も行われている。

basically: 基本的に、元来	した碑を使って遊ぶゲーム。	**glorified:** 美化された
transaction: 取引、売買	**power:** ～に動力を供給する	**fact:** 事実
transparent: 透明な	**decentralized:** 分散の	**get away with:**
record: 記録、履歴	**work:** 機能する、稼働する	（悪いことを）罰せられずに済む
ledger: 台帳	**task:** タスク、課題	**fraud:** 詐欺（行為）
domino: ドミノ	**own:** ～を所有する	**advocate:** 擁護者、支持者
▶2つの正方形をくっつけた形を	**run:**（プログラムなどを）実行する	**argue:** ～を主張する

Aired on January 4, 2021

　それは基本的に取引の公的なリストであり、より透明性のある記録です。/
このデジタルな台帳を、ドミノゲームのようなものと考えることができます。/
ブロックチェーンは、同じ仕事を行うコンピューターの分散的なネットワークで
動いています。/　そのシステムの所有者はおらず、全員がそれを動かすのを助
けます。/

　この美化されたリストの何がそんなにすごいのかと思われるかもしれません。/
さて、事実があった後に台帳は変更できないため、詐欺を働いて免れるのは
ずっと難しくなります。/　ブロックチェーンの擁護者たちはまた、このテクノロ
ジーが銀行や政府機関などの機関の役割を果たすことで仲介業者を省くと主
張します。

銀行が必要なくなる時代が来るかもしれない。

cut out: 〜を省く、取り除く
middleman: 中間業者、仲介者
fulfill: 〜を果たす、満たす
role: 役割、役目
institution: 機関、施設
government agency: 政府機関

📢 **Let's try to answer!**

Are you interested in buying
Bitcoins? Why?

☞ **理解のポイント**

⑤は a public list of transactions と同格で、こ
の名詞群の補足説明をしている。
⑥は主格の関係代名詞 that に導かれる節で、
後ろから computers を修飾している。
⑦は動名詞で文の主語となっている。
⑧の that は argue の目的語となる名詞節を導
いている。

Inauguration of the 46th President of the United States

バイデン氏が第46代大統領に就任

10

大統領の就任にまつわる3つの数字

 natural 26

 slow 29

 AZUZ: Twenty, forty-six, and first, are three numerical ① terms that factor into today's special edition of CNN ② 10. / And we'll be explaining all of that in a couple minutes. /

Twenty is the Amendment to the U.S. Constitution that ③ sets January 20th as the date when new or re-elected U.S. ④ presidents are inaugurated and when the terms of their ⑤ predecessors end.

---

inauguration: 就任式
President: 大統領
numerical: 数字で表した
term: 用語、言葉；任期

factor into:
〜を要因として含める
special edition: 特集、特別版
explain:
〜を説明する、解説する

the Amendment:
（米国憲法の）修正条項
constitution: 憲法
set: 〜を決める、設定する

2021年1月20日にジョー・バイデン氏が
アメリカの第46代大統領に、カマラ・
ハリス氏が女性として、有色人種として
初の副大統領に就任した。新型コロナウ
イルスが猛威を振るい、アメリカの首都
ワシントンの連邦議会議事堂の前で厳戒
態勢が敷かれる中、式典は大きな混乱も
なく静かに執り行われた。バイデン氏は
就任演説で結束（ユニティ）の必要性を
訴え分断に立ち向かうことを宣言した。

CNN10 - January 21, 2021

AZUZ | アメリカ英語　　　　　　　　　　　　　　　　　　　　　　難易度 ★★☆

アズーズ　20、46、と1番目、これらは今日の「CNN10」特別版に含まれる、数
字で表した3つの用語です。/ 数分後にはそれら全部についてご説明します。/

　　20はアメリカ合衆国憲法の修正条項で、1月20日を新しいまたは再選された
アメリカの大統領が就任し、その前任者の任期が終わる日だと定めています。

---

re-elect: 〜を再選する
predecessor: 前任者

> 👉 **理解のポイント**
>
> ①の数字の羅列が文の主語となっている。
> ②と③は主格の関係代名詞thatに導かれる節
> で、それぞれ後ろからthree numerical terms
> とthe U.S. Constitutionを修飾している。
> ④と⑤のwhenは関係副詞で、形容詞節を導
> き後ろから先行詞のthe dateを修飾している。

Forty-six is the second number ⑥I mentioned at the beginning of today's show. / With his oath of office, Joseph R. Biden Jr. officially became America's 46th President. /

So, Mr. Biden is the 46th President but the 45th individual ⑦to serve in the role ⑧and that role began yesterday with his plan to sign seventeen executive actions. /

President Biden's new executive actions concern the coronavirus pandemic, the environment, immigration and government regulations.

4年に一度のアメリカ大統領就任式は、新型コロナウイルスの影響により出席者を数千人に制限して静かに行われた。

mention: ～に言及する	**individual:** 個人、人間	**executive action:**
show: 番組	**serve:** 仕える、勤務する	大統領権限の行使
oath of office: 就任の宣誓	**role:** 役目、任務	**concern:** ～に関係する
officially: 正式に、公式に	**plan:** 計画、意向	**coronavirus:** コロナウイルス

　46は、今日の番組の冒頭で言及した2つ目の番号です。/ ジョセフ・R・バイデン・ジュニアは就任の宣誓をもって正式にアメリカの第46代大統領になりました。/

　なので、バイデン氏は46番目の大統領ですが、この役目に仕える45番目の人物で、その役目は17の大統領令に署名するという彼の計画とともに昨日始まりました。/

　バイデン大統領の新しい大統領令に関係するものとして、コロナウイルスの世界的大流行や環境、移民や政府規制などがあります。

就任後に早速大統領令に署名するバイデン氏。

pandemic: 世界的流行病
environment: 環境
immigration: 移民
government regulation: 政府規制

☑ ニュースのポイント

● バイデン氏が第46代大統領としての職務をスタートさせた。
● 今回は史上最高齢の大統領、初の女性、有色人種の副大統領となる。

👉 理解のポイント

⑥の直前には目的格の関係代名詞thatが省略されており、この関係代名詞節は後ろからthe second numberを修飾している。
⑦は不定詞の形容詞的用法で後ろからthe 45th individualを修飾している。
⑧のandによって文同士が並列されている。

初めてずくめの大統領と副大統領

    And that brings us to another numerical term I mentioned. / First, there's more than one first concerning this Presidency. / At age 78 when he took the oath of office, President Biden became the oldest American ever to assume the role. /
⑨

    And Vice President Kamala Harris has made history. / Her mother was Indian and her father is Jamaican. / So, Mrs. Harris is both the first woman and the first woman of color to become U.S. Vice President.

初の女性、そして初の有色人種の女性としてアメリカ副大統領に就任したカマラ・ハリス氏への期待は大きい。

Presidency:（米）大統領職 **take an oath:** 宣誓する	**assume a role:** 役割を担う、務める **Vice President:** 副大統領	**make history:** 歴史的偉業を成し遂げる **Indian:** インド人

そして、私が言及したもう1つの数字の用語へと続きます。／1番目——この大統領職に関係する「初めて」は、1つにとどまりません。／バイデン大統領が78才で就任の宣誓を行ったとき、彼はこの役割を担う史上最高齢のアメリカ人となりました。／

　そしてカマラ・ハリス副大統領は、歴史的偉業を成し遂げました。／彼女の母親はインド人で、父親はジャマイカ人です。／そのため、ハリス氏はアメリカの副大統領となる最初の女性であり、最初の有色人種の女性でもあるのです。

News 05

CNN 10

大統領専用機でワシントンを去るトランプ夫妻。

Jamaican: ジャマイカ人
person of color: （白人以外の）有色人

🚩 **Let's try to answer!**

How do you feel about Joe Biden becoming the new President of the United States?

👉 **理解のポイント**
⑨は不定詞の形容詞的用法で後ろからthe oldest Americanを修飾している

AI Brings Assistance to Online Classes

AI（人工知能）がオンライン授業をアシスト

オンライン授業の難しさ

natural 32　slow 35

CNN REPORTER: Our faces say a lot about us. / Whether we're happy, angry or sad, facial expressions are a big part of how we communicate with each other. / But what about when we can't see each other's faces? /

For teachers around the world, it's become a problem, including in Hong Kong. / When Mr. Ka Tim Chu's classes went online, he struggled to stay connected to his students through the screen.

AI: 人工知能 (=artificial intelligence) **assistance:** 支援、手伝い **online class:** オンライン授業 **happy:** 楽しい、うれしい	**angry:** 怒って **sad:** 悲しい **facial expression:** 顔の表情 **be a big part of:** ～の大きな割合を占めている	**communicate:** コミュニケーションをとる **with each other:** お互いに **struggle:** 悪戦苦闘する、苦労する

オンラインの学習やミーティングの機会が増える中で、人の表情を読み取るAI（人工知能）のツールが注目されている。香港のスタートアップ企業Find Solution AI社の創立者兼最高経営責任者は、子どもの感情を読み取ることで彼らの学ぶ過程を観察し、子どもたちの学習意欲を高めるためにこの技術を開発したと話す。カメラを使うことによるプライバシーなどの問題はあるものの、今後教室以外での需要も高まりそうだ。

CNN10 - February 17, 2021

CNN BUSINESS

CNN REPORTER | アメリカ英語 難易度 ★ ☆ ☆

CNN 記者 　私たちの顔は、自分たちについて多くのことを語ります。／ 楽しいのであれ、怒っているのであれ、悲しいのであれ、顔の表情は私たちがお互いにコミュニケーションをとる方法の大きな割合を占めます。／ しかし、お互いの顔が見えないとしたら、どうでしょうか。

　世界中の先生にとって、それは問題になりつつあり、香港もその例外ではありません。／ カー・ティム・チューさんの授業がオンラインになったとき、彼は自分の生徒たちと画面を通してつながりを保つのに苦労しました。

stay connected: つながりを保つ
screen: 画面

☛ 理解のポイント
①の how 以下は of の目的語となる節を形成している。

AIが生徒たちの表情を分析

One solution is helping Chu to read the room. / Artificial Intelligence ②to analyze the student's emotions as they learn. / It comes from a local startup, Find Solution AI. /

Lam says the software works via your webcam or camera, measuring the position of your eyes, eyebrows, mouth and other features ③to detect for six emotions - happiness, sadness, anger, fear, disgust and surprise.

チューさんは教室では生徒の表情から彼らが授業を理解しているか確認するが、オンライン授業ではそれができない。

solution: 解決（策）	**startup:** スタートアップ（新興）企業	**measure:** 〜を測る、測定する
read: 〜を見抜く、つかむ	**software:** ソフトウェア	**position:** 位置、場所
analyze: 〜を分析する	**work:** 働く、機能する	**eyebrow:** 眉毛
emotion: 感情	**via:** 〜によって、〜を用いて	**feature:** 特徴、顔の造作
learn: 学ぶ	**webcam:** ウェブカメラ	**detect:** 〜を見つける、見抜く
local: 地元の、その地域の		**happiness:** 喜び、幸福

　チューさんが教室の空気をつかむのを、ある解決法が手助けしてくれています。/ 学んでいる生徒たちの感情を人工知能で分析するのです。/ それは地元のスタートアップ企業Find Solution AIからのものです。/

　このソフトウェアはあなたのウェブカメラまたはカメラを用いて機能する、とラム氏は言います。/ あなたの目、眉毛、口やその他の顔の造作の位置を測定して、喜び、悲しみ、怒り、恐怖、嫌悪や驚きという6つの感情を読み取ります。

ウェブカメラを使ってAIが6つの感情を判定する。

sadness: 悲しみ、不幸
anger: 怒り、憤り
fear: 恐れ、恐怖
disgust: 嫌悪、反感
surprise: 驚き

☑ **ニュースのポイント**

● オンライン授業では、先生たちが生徒の気持ちがつかめずに苦労している。
● 感情を分析するAI（人工知能）が開発され、大きなビジネスに成長しつつある。

☞ **理解のポイント**

②はto不定詞の形容詞的用法で、後ろからArtificial Intelligenceを修飾している。
③はto不定詞の副詞的用法で、「目的」の意味を表している。

3年後には560億ドルのビジネスに成長

Find Solution AI is one of a number of developers racing
④ to advance the technology. /

It's a business that's set to reach $56 billion by 2024. /
⑤
With benefits not just for the virtual classroom but also the
virtual workplace, from employee wellbeing – to online
meetings.

香港のスタートアップ企業 Find SolutionAI 社を設立した CEO のラム氏。2024 年には 560 億ドルの市場に成長する。

number: 多数、大勢	**technology:**	**billion:** 10 億
developer:	科学技術、テクノロジー	**benefit:** 利益、ためになること
（ソフトウェアの）開発者	**business:** 事業、ビジネス	**not just A but also B:**
race: 競争する	**set to:** 〜することになっている	A だけでなく B も
advance:	**reach:** 〜に達する	
〜を前進させる、促進する		

Aired on February 17, 2021

Find Solution AIは、科学技術を促進すべく競争する多くの開発者のひとつです。/

これは2024年には560億ドルに達するとされているビジネスです。/ バーチャルな教室だけでなく、従業員の福利厚生からオンライン会議に至る、バーチャルな職場にも利益をもたらします。

News 06

このAIソリューションの利用は倍増している。

virtual: ネットワーク上の、バーチャルな
employee wellbeing:
従業員の福利厚生

🚩 Let's try to answer!

How do you feel about your emotions been analyzed by AI?

👉 **理解のポイント**

④はto不定詞の副詞的用法で、「目的」の意味を表している。
⑤は主格の関係代名詞thatに導かれる節で、後ろからa businessを修飾している。

Restaurant Deliveries Shipped to Your Door

飲食店と消費者をつなぐプラットフォーム

コロナで多くの飲食店に打撃

natural [38] slow [41]

AZUZ: The U.S. National Restaurant Association says more than 110,000 establishments, or 17 percent of restaurants in America, have gone out of business because of forced closures and limits on the number of diners allowed. / It expects that 10,000 more restaurants will close in the months ahead.

---

delivery: 配達、配送	**go out of business:**	**closure:** 休業、閉鎖
ship: 〜を発送する	廃業する、店を畳む	**limit:** 制限
establishment: 民間組織	**forced:** 強制的な、強制された	**diner:** 食事をする客

アメリカ国内の飲食業界も新型コロナウイルスによる打撃を受ける中、小規模なレストランと顧客をつなぐ仕組みを作った企業がある。外食する場を失った消費者とビジネスの再構築を求められる飲食店、その両方の市場の高まりを受けて成功を収めている。提携する数百の店がこのプラットフォームを利用することで、実店舗だけでなく通信サイトでの流通が可能になり、今や空席となっている店内で生産・出荷作業が行われている。

AZUZ | アメリカ英語

難易度 ★★☆

アズーズ 米国レストラン協会は、アメリカで11万店、もしくは飲食店の17パーセント以上が、強制的な休業や許可される食事客の人数制限などが理由で廃業したと述べています。/ 同協会は、今後数カ月でさらに1万店の飲食店が廃業すると予想しています。

allow: 〜を許可する、許す
expect: 〜を予想する、予期する
ahead: これから先に

👉 **理解のポイント**

①は and によって because of の目的語である forced closures と limits on... が並列されている。

食べ物の感情に訴える力

To-go orders have made up for some of the lost revenue, and organizations like Goldbelly can connect mom-and-pop restaurants to customers across the country. / It's not cheap. / A meal for four can cost diners anywhere from $80 to $180, but for the customers and the restaurants with the means, it's an appetizing connection.

JOE ARIEL (FOUNDER & CEO, GOLDBELLY): We believe in the emotional power of food, and when the pandemic hit, I think a lot of the world felt deep connection to restaurants and places that they've loved.

新型コロナウイルスの影響でアメリカでも多くの飲食店が休業を余儀なくされたり、廃業に追い込まれたりしている。

to-go: 持ち帰り用の	**connect:**	**cheap:** 安価な、安い
make up for:	〜をつなぐ、結びつける	**meal:** 食事
〜を補う、埋め合わせる	**mom-and-pop:** 家族経営の	**cost:** （費用などが）かかる
revenue: 収益、収入	**customer:** 顧客	**anywhere from...to:**
organization: （経営）組織	**across the country:**	…から〜の範囲に
	国中で、全国に	**means:** 手段、方法

　失われた収益の一部をテイクアウトの注文が補っており、ゴールドベリーなどの組織は、全国の家族経営の飲食店と顧客をつなぐことができます。／ 安いとは言えません。／ 利用客は4人分の食事で80ドルから180ドル程度払わなければなりませんが、顧客とその手段を持つ飲食店にとっては食欲をそそる結びつきです。

ジョー・アリエル（ゴールドベリー 創設者兼最高経営責任者）　私たちは食べ物の感情に訴える力を信じており、パンデミックが起こったときに世界の多くが自分たちの大好きだったレストランなどの場所に深いつながりを感じたと私は思います。

食べ物の感情に訴える力を熱く語るアリエル氏。

appetizing: 食欲をそそる
connection: つなぐこと、結合
emotional: 感情の、感動的な
pandemic: 世界的流行病
hit: 襲う、起こる

☑ ニュースのポイント
● パンデミックの影響で多くの飲食店が苦境に立たされている。
● ゴールドベリー社は小さな飲食店と顧客をつなぐ仕組みを作り、顧客を増やしている。

☞ 理解のポイント
②と③は等位接続詞で、それぞれの前後で文同士が並列されている。
④は目的格の関係代名詞thatに導かれる節で、後ろからrestaurantsとplacesを修飾している。

飲食店と顧客をつなぐプラットフォーム

And we've built the first platform ⑤ where a restaurant can access and reach customers ⑥ that aren't in their local neighborhood. /

Now we work with more than 600 food makers, restaurants and artisans all across the country. / The team has doubled in size since March, more than a million new customers this year.

ゴールドベリーは料理を提供する相手を失った飲食店と、料理を楽しむ場所を奪われた利用者の橋渡しをしている。

---

build: ～を作り上げる、築く
platform: プラットフォーム
▶サービスなどを運営するために必要な共通の土台となる環境のこと。

access: ～にアクセスする
reach: ～に手が届く
local: 地元の、その地域の
neighborhood: 近隣、付近

food maker: 食品メーカー
artisan: 職人
double: 2倍になる
size: 数、量

そして私たちは、初めてのプラットフォームを作りました。飲食店がそこにアクセスすることによって、自分たちの地元の近隣ではない顧客に届くという。/

　私たちは現在、全国の600以上の食品メーカーやレストラン、職人たちと仕事をしています。/ 3月以来、参加チームの数は2倍になり、今年の新規顧客数は100万人以上です。

その地域外の顧客への料理提供も可能になった。

since: 〜以来
million: 100万

🚩 Let's try to answer!

Do you often order food
from a restaurant? Why?

👉 理解のポイント

⑤は関係副詞whereに導かれる節で、後ろからthe first platformを修飾している。
⑥は主格の関係代名詞thatに導かれる節で、後ろからcustomersを修飾している。

Military Coup in Myanmar

ミャンマーで軍事クーデター

軍事クーデターの典型的な例

natural 44　slow 47

CNN REPORTER: It is a textbook example of a military coup. Troops showing up before dawn at the homes of elected lawmakers in Myanmar, arresting them in the dark. /

An announcement ①read out on the military-owned TV channel declaring that this man, military chief Min Aung Hlaing, is assuming control of the government.

---

military: 軍の、軍事的な	**show up:** 現れる	**arrest:** ～を拘束する、逮捕する
coup: クーデター、政変	**dawn:** 夜明け	**announcement:** 発表、声明
textbook example: 典型例	**elected:** 当選した	**read out:** ～を読み上げる
troops: 軍隊	**lawmaker:** 立法府の議員	

2021年2月1日、ミャンマーにおいて軍がクーデターで実権を掌握し、民主化運動の指導者アウン・サン・スー・チー氏および24人の議員の身柄を拘束した。同国は1962年から2011年まで半世紀以上、軍事政権の支配下に置かれたのち、2015年にスー・チー氏が率いる国民民主連盟（NDL）がミャンマー初の民主的な選挙で政権の座に就いた。2020年11月の選挙でスー・チー氏が圧勝したことを受けてのクーデターだと見られている。

CNN10 - February 2, 2021

CNN REPORTER | アメリカ英語　　　　　　　　　　　　難易度 ★★★

CNN記者　軍事クーデターの典型的な例です。夜明け前のミャンマーで、選挙で選ばれた立法府の議員たちの家に現れ、暗やみの中で議員たちを拘束する軍隊。/

　軍の所有するテレビ局のチャンネルで声明が読み上げられ、この人物、ミン・アウン・フライン国軍総司令官が政府の実権を握ると宣言しました。

---

owned: 所有する
declare: 〜を宣言する
assume control: 実権を握る
government: 政府、政権

> 👉 **理解のポイント**
> ①の直前にはthat wasが省略されており、read outからchannelまではAn announcementを後ろから修飾している。

News 08

For many in Myanmar, the military's shocking power play is a traumatic reminder of what up until 2015, had been more than a half century of military dictatorship where any public descent was brutally crushed. /

On November 8, 2020, the people of Myanmar went back to the ballot box in another national election. / Despite the threat of COVID-19, they voted in huge numbers, expanding Suu Kyi's mandate and all but crushing military backed candidates at the polls.

ミャンマーの実権を掌握したと宣言するミン・アウン・フライン国軍総司令官。右は非常事態を伝える国営テレビ。

shocking: 衝撃的な、ひどい	**dictatorship:** 独裁（政治）	**national election:** 国政選挙
power play: 力の政策	**descent:** 襲撃、急襲	**despite:** ～にもかかわらず
traumatic: トラウマになる	**brutally:** 容赦なく、残忍に	**threat:** 脅威
reminder: 思い出させるもの	**crush:**	**vote:** 投票する
up until: ～まで	～を押しつぶす；～に圧勝する	**expand:**
century: 1世紀	**ballot box:** 投票箱	～を大きくする、拡大する

　ミャンマーの多くの人々にとって、軍の衝撃的な力による政策はトラウマとなる思い出です。そこでは2015年まで半世紀以上に及ぶ軍による独裁政治下で、市民のあらゆる抵抗が容赦なく押しつぶされました。/

　2020年11月8日、ミャンマー国民はまた国政選挙で再び投票箱に出向きました。/ 新型コロナウイルスの脅威にもかかわらず、非常に大勢の人が投票し、スー・チー氏への委任を拡大させ、軍の支援を受けた候補者たちに投票でほとんど圧勝しました。

パンデミックの脅威の中、多くの人が投票した。

mandate: 委任、負託
all but: ～も同然で
candidate: 候補者
poll: 投票

☑ ニュースのポイント

● ミャンマーで軍事クーデターが発生した。
● 独裁政治を経て、ミャンマー国民は民主化運動の指導者スー・チー氏に投票。
● 軍の制圧により、ミャンマーは再び不確実な時代に。

☞ 理解のポイント

②のwhat以下は直前の前置詞ofの目的語となる節を形成している。節内ではwhatが主語で、up until 2015が挿入され、動詞had been以下が続くという構造。
③は関係副詞whereに導かれる節で、後ろからmilitary dictatorshipを修飾している。
④は分詞構文で、and expanded...と考えるとよい。

News 08

軍は証拠なき選挙違反を主張

Without providing evidence, the military claimed electoral fraud and has now used these claims ⑤ to justify its overthrow of the government. /

A country with a long, violent history now headed into a new period of deep uncertainty.

独裁政権を経て選挙による民主的な国家を実現したかに見えたが、またもや武力の弾圧下に置かれることに。

provide: ～を提供する	**electoral fraud:**	**overthrow:** 転覆、打倒
evidence: 証拠	選挙違反、選挙での不正	**violent:** 暴力による、暴力的な
claim: ～を主張する；主張	**justify:** ～を正当化する	**head into:** ～に向かう

軍は証拠を提示することなく、選挙における不正を主張し、今度はその主張を利用して政権転覆を正当化しました。／

　長きにわたる暴力の歴史を持つ国は、今や新たに困難で不確実な時代に向かいつつあります。

選挙で圧勝した民主化運動の指導者スー・チー氏。

period: 時期、時代
deep: 困難な、深刻な
uncertainty: 不確実、不安

🚩 **Let's try to answer!**

How do you feel about the fact that a coup is actually taking place today?

👉 **理解のポイント**

⑤は to 不定詞の副詞的用法で「目的」の意味を表している。

The Changing Travel Industry

変わりつつある旅行のカタチ

「自立した旅」の時代が到来

CNN REPORTER: Digital tour guides. / Fully personalized itineraries and vlogging. / Travel is becoming digitized. / A Dubai based tech entrepreneur Fabian Dagostin is seeing a gap in the market.

FABIAN DAGOSTIN (STREET LIFE FOUNDER): The next big idea in the travel industry is autonomous travel, ① to be able to plan, book and navigate travel experiences.

---

travel industry: 旅行産業
digital: デジタルの
tour guide:
観光ガイド、ツアーガイド
fully: 完全に

personalized: 特定の個人
向けの、パーソナライズされた
itinerary: 旅行プラン
vlogging: ビデオブログ
based: 〜に拠点のある

tech:
科学技術 (の) (=technology)
entrepreneur: 起業家
gap: 隙間、かい離
market: 市場

新型コロナウイルスの影響で世界中の旅行産業が計り知れないほどの打撃を被っており、一部のクルーズ船運営会社は今春すべてのツアー中止を決めた。アメリカに入国するには、航空機に搭乗する前にコロナ陰性を証明する必要があり、国連世界観光機関（UNWTO）はワクチンパスポートを義務化することなどを求めている。旅のあり方そのものが大きな変遷を余儀なくされる中、デジタル技術を利用した新たな模索が始まっている。

CNN10 - January 26, 2021

CNN REPORTER | イギリス英語　　　　　　　　　　難易度 ★★★

CNN記者　デジタルなツアーガイド。/ 完全にパーソナライズされた旅行プランにビデオブログ。/ 旅はデジタル化されつつあります。/ ドバイを拠点とするテクノロジー起業家のファビアン・ダゴスティン氏は、市場に隙間を見つけています。

ファビアン・ダゴスティン (STREET LIFE 創立者)　旅行業界の次なる大きなアイデアは、自立した旅です。すなわち、旅の体験を企画し、予約して、ナビゲートできるようにすることです。

---

autonomous: 自立した
plan: 〜の計画を立てる
book: 〜を予約する
navigate: 〜を案内する、操縦する
experience: 経験、体験

👉 **理解のポイント**
① の to 不定詞は名詞的用法で、直前の autonomous travel を補足説明している。

News 09

natural 51　slow 54

CNN REPORTER: Spurred on by the global pandemic, individual and small group travel is becoming more popular. / Dagostin believes tourists are looking for tailored and authentic experiences. / He's developed "Street Life," an app that allows users to create their entire trip on their phones. /

Local vloggers and Instagram influencers like Zara and Mira can feed high quality, digital tours of unexplored shops and public places, showing their local experiences. / Users can watch and choose the places they want to visit, creating a customized itinerary before starting their physical journey.

新型コロナウイルスの世界的大流行の影響を受け、旅のあり方も大きく変わりつつある。

spur...on: (人を) 刺激する	**authentic:** 本物の、正統派の	**entire:** 全体の
individual: 個人の	**develop:** 〜を開発する	**trip:** 旅、旅行
popular: 人気がある	**app:**	**local:** 地元の、現地の
tourist: 観光旅行者	アプリ (=application program)	**influencer:** 大きな影響を与え
tailored:	**allow...to:** …に〜することを許す	る人、インフルエンサー
注文仕立ての、オーダーメイドの	**create:** 〜を作る、創り出す	**feed:** (情報などを) 提供する

ＣＮＮ記者 世界的なパンデミックに促され、個人や小グループの旅行の人気が高まっています。／ ダゴスティン氏は、旅行者がオーダーメイドで正統派の体験を求めていると考えています。／ 彼が開発した「Street Life」は、利用者が自らの旅を丸ごと自分のスマホで創り出すことを可能にするアプリです。／

　Zara や Mira のような、ビデオブログやインスタグラムを使った地元のインフルエンサーたちは、まだ知られていない店や公共の場所をめぐるクオリティの高いデジタルな旅を提供して、自らの現地の体験を紹介することができます。／ 利用者は自分たちが行きたい場所を視聴して選び、実際に旅に出かける前に特注の旅行プランを創ることができます。

ネットで情報発信するインフルエンサーたち。

high quality: 高品質の
unexplored: まだ発見されていない
customized: 注文に応じて作る
physical: 肉体の
journey: 旅、旅行

☑ **ニュースのポイント**
● パンデミックの影響で旅のデジタル化が進んでいる。
● 自主的な旅を実現する新しいアプリが登場。
● 技術の発展が、身体的な旅行を補完してくれる。

👉 **理解のポイント**
②は「理由・原因」を表す分詞構文で、Being spurred の Being が省略されていると考えるとよい。
③は主格の関係代名詞 that に導かれる節で、後ろから an app を修飾している。
④と⑤はそれぞれ分詞構文で、それぞれ and を補って and show…、and create… と考えるとよい。

IT 技術が旅を豊かにする

Digital tools such as virtual reality, AI and algorithms are increasingly being adopted in the travel industry. / This tech will add up to $305 billion of value to the travel industry by 2025, according to research by the World Economic Forum. /

The pandemic is forcing cities to showcase their landmarks through virtual tours and interactive experiences. / But Dagostin believes advances in technology will complement the physical travel experience.

Fabian Dagostin
Street Life Founder

旅行には身体的な経験が不可欠なため、旅をパーソナライズする技術を構築していると話すダゴスティン氏。

tool: ツール、道具	**increasingly:**	**according to:** 〜によれば
virtual reality:	ますます、だんだん	**research:** 研究、調査
バーチャル・リアリティ、仮想現実	**adopt:** 〜を導入する、採用する	**economic forum:**
AI:	**add up to:** 合計〜になる	経済フォーラム
人工知能（=artificial intelligence）	**billion:** 10 億	**force:**
algorithm: アルゴリズム	**value:** 値段、価値	（〜することを）余儀なくさせる

Aired on January 26, 2021

　仮想現実やAI（人工知能）、アルゴリズムなどのデジタルツールは、ますます旅行産業に導入されるようになっています。／ 世界経済フォーラムの研究によると、この技術は2025年には旅行産業にとって合計で3050億ドルという金額になります。／

　パンデミックによって都市は自分たちの名所をバーチャルな旅行やインタラクティブな体験を通じて紹介することを余儀なくさせられています。／ しかしダゴスティン氏は、技術の進歩が、実際の旅の体験を補完すると信じています。

コロナの影響で旅のデジタル化が進んでいる。

showcase: 〜を紹介する、見せる
landmark: 名所、歴史的建造物
interactive:
対話式の、インタラクティブな
advance: 前進、進歩
complement: 〜を完全にする、補完する

📢 **Let's try to answer!**
Would you like to use this kind of digital service to plan your next trip ? Why or why not?

👉 **理解のポイント**
⑥のbelievesとadvancesの間には名詞節を導くthatが省略されていると考えるとよい。

News 09

A Mineral to Make Solar Panels More Efficient

太陽光パネルの効率性を高める鉱物 10

太陽光パネルの弱点は非効率性

CNN REPORTER: Solar panels. / They're increasingly used to meet our energy needs, but there's a problem with the way silicon panels are made. / They're hugely inefficient. / That's because they only convert about 22 percent of the sun's rays into electricity.

---

mineral: 鉱物、鉱石	**increasingly:** ますます	**problem:** 問題、課題
solar panel:	**meet a need:**	**silicon:** シリコン
太陽電池パネル、ソーラーパネル	要求を満たす、ニーズに応える	**hugely:** 非常に、極めて
efficient: 効率的な	**energy:** エネルギー	**inefficient:** 非効率的な

太陽光発電は近年ますます注目を集めている再生可能エネルギーの一形態だ。その一方で、太陽光パネルを製造する過程で排出される大気汚染や廃棄物などの否定的側面も存在する。さらに太陽光パネル自体が広い空間を必要とするという欠点もある中、太陽光を電気に変える効率を高める鉱物がこのほど発見された。ペロブスカイトと呼ばれるこの鉱物が、問題解決の一助になるかもしれない。

CNN REPORTER | **アメリカ英語**　　　　　　　　　　　　　　**難易度 ★★☆**

CNN 記者　ソーラーパネル。/ 私たちのエネルギー需要を満たすためにますます多くが使われていますが、シリコンパネルの作られ方には問題があります。/ ソーラーパネルは極めて非効率的です。/ なぜなら、それらは太陽光線のわずか 22 パーセントしか電気に変えないからです。

---

convert...into: …を〜に変える
sun's rays: 太陽光線
electricity: 電気、電力

👉 **理解のポイント**
①は to 不定詞の副詞的用法で、「目的」の意味を表している。

太陽光を効率的に電気に変える鉱物

But scientists from the University of Oxford in the United Kingdom have made a discovery ₂that's set to transform the industry. / Thanks to an obscure mineral called perovskite./

₃Working with perovskite in Oxford's PV's labs, scientists found they could convert 28 percent of the sun's rays into electricity if they placed the layer of the mineral over a silicon cell.

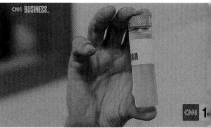

オックスフォード大学の科学者たちが、ペロブスカイトという鉱物が太陽光を電気に変える効率を高めることを発見した。

scientist: 科学者	**discovery:** 発見	**thanks to:** ～のおかげで
United Kingdom: 英国、イギリス（=United Kingdom of Great Britain and Northern Ireland）	**set to:** ～することになっている	**obscure:** 世に知られていない
	transform: ～を変える、転換する	**perovskite:** 灰チタン石、ペロブスカイト
	industry: 産業	

　しかし、イギリスのオックスフォード大学の科学者たちは、この産業を変えることになる発見をしました。/ ペロブスカイトと呼ばれる、あまり知られていない鉱物のおかげです。/

　オックスフォードの太陽光発電の研究室でペロブスカイトを扱いながら、科学者たちはこの鉱物の層をシリコンの太陽電池の上に設置することで、太陽光線の28パーセントを電気に変換できることを突き止めました。

太陽光線の22パーセントしか電気にならない。

PV: 太陽光発電の（=photovoltaic）
lab: 研究室（=laboratory）
place: 〜を設置する
layer: 層、レイヤー
cell: 太陽電池（=solar cell）

☑ ニュースのポイント
- 太陽光パネルの使用が増えているが、電気への変換率が低いという欠点もある。
- ペロブスカイトという鉱物がそれを高めることを科学者が発見した。
- この鉱物で建物全体を覆うことを、ある企業が目指している。

☞ 理解のポイント
②は主格の関係代名詞thatに導かれる節で、後ろからa discoveryを修飾している。
③は分詞構文で、As scientists worked with...と接続詞を補って考えるとよい。

In time, they believe they can double the current efficiency rate of silicon panels, eventually ₍₄₎converting to 40 percent of the sun's rays into electricity. /

But perovskites have other exciting advantages too. / See, they're lightweight, transparent and very flexible. / Imagine then seeing it wrapped around and incorporated into entire buildings. / That's the ambition of Warsaw based Saule Technologies.

インクジェットプリンターを使って印刷もできるので、建物や車の屋根、小型電子機器への利用も検討されている。

in time: そのうちに、やがて	**eventually:** 最終的に、いつかは	**lightweight:** 軽量の、軽い
double: 〜を倍増させる		**transparent:** 透明な
current: 現在の	**exciting:** 面白い、興奮させる	**flexible:** 曲げやすい、しなやかな
rate: 割合、比率	**advantage:** 強み、長所	**imagine:** 〜を想像する

　彼らはそのうち、シリコンパネルの現在の効率の割合を倍増させ、最終的には太陽光線の40パーセントを電気に変換できるだろうと考えています。/

　しかし、ペロブスカイトには別の素晴らしい長所もあります。/　このように軽くて透明で、とても曲げやすいのです。/そしてそれらが建物全体を包み込み、取り入れられるところを想像してみてください。/それがワルシャワに拠点を置くサウレ・テクノロジー社の野望です。

建物全体をこの鉱物で覆うことを目指している。

wrap around: 包み込む
incorporate: ～を取り入れる、組み込む
entire: 全体の
ambition: 野心、野望
based: ～に拠点のある

🚩 Let's try to answer!

Are you interested in having solar panels installed on your roof?

News 10

☛ **理解のポイント**
④は分詞構文で、and eventually convert to...
と語を補って考えるとよい。

The Legacy of U.S. "First Pets"

米国の「ファーストペット」の伝統

ジョー・バイデン大統領の愛犬が官邸に

natural 62 slow 65

AZUZ: Hey, speaking of dogs, it's America's first dogs ①<u>that are the subject of our last story today.</u> / Champ and Major have arrived at the White House. / They're the canine best friends of President Joe Biden. /

Former President Donald Trump didn't have pets at the White House during his term. / He was the first President since Andrew Johnson ②<u>not to.</u> / Former President Barak Obama got Beau during his first time and Sunny came along four years later. / And former President George W. Bush had Barney, Miss Beasley and a cat named India.

---

legacy: 受け継いだもの、遺産
first pet: 米大統領のペット
▶the first lady（大統領夫人）を
もじった表現。
speaking of:
〜について言えば

subject: 主題、テーマ
story: （ニュースの）ネタ、話題
arrive: 到着する
the White House: アメリカ大
統領官邸、ホワイトハウス

canine: イヌ科の
term: 任期
Andrew Johnson:
アンドリュー・ジョンソン ▶第17
代米大統領（在任1865-1869）。

日本で政治家のペットが話題になることはあまりないが、海外に目を向けると、世界的に有名なイギリス首相官邸のネズミ捕獲長ネコのラリーをはじめ、政治絡みで動物の話題が報道されることが少なくない。アメリカでも今年1月のジョー・バイデン大統領の就任に伴い、愛犬のチャンプとメイジャーがホワイトハウスに到着したというニュースがCNNで伝えられた。歴代アメリカ大統領の「ファーストペット」事情とはいかに。

CNN10 - January 27, 2021

AZUZ | アメリカ英語　　　　　　　　　　　　　　　　　　　難易度 ★ ☆ ☆

アズーズ　ほら、イヌと言えば、今日最後の話題のテーマは、アメリカの「ファースト・ドッグ」たちです。/ チャンプとメイジャーがホワイトハウスに到着しました。/ 彼らはジョー・バイデン大統領のイヌ科の親友たちです。/

　ドナルド・トランプ元大統領は自らの任期中に、ホワイトハウスにペットはいませんでした。/ 彼はアンドリュー・ジョンソン以来、初めてペットがいなかった大統領でした。/ バラク・オバマ元大統領は最初の任期にボーが来て、4年後にはサニーがやって来ました。/ そしてジョージ・W・ブッシュ元大統領にはバーニーとミス・ビーズリー、それにインディアという名前のネコがいました。

---

former: 元の、かつての
come along: やって来る

☛ 理解のポイント

①は主格の関係代名詞thatに導かれる節で、後ろからAmerica's first dogsを修飾している。
②の後ろにはhave petsが省略されている。

natural 63　slow 66

The truth is ③cats and dogs haven't been the only pets at the president's residence. /

CNN REPORTER: Calvin Coolidge also had quite the menagerie. / A bobcat, a pigmy hippo named Billy, lion cubs and even a raccoon. / William Taft had a cow named Pauline. / The last cow ④to graze on the White House lawn. /

You could say President Theodore Roosevelt had a zoo of sorts at his White House. / Parrots, bears, zebras and yes, a one-legged chicken but dogs have certainly been the most popular.

カルビン・クーリッジ大統領はアライグマを、ウィリアム・タフト大統領は乳牛をホワイトハウスで飼っていた。

truth: 真相、事実	**bobcat:** ボブキャット	**William Taft:**
residence: 住居、邸宅	▶北米産のヤマネコの一種。	ウィリアム・タフト　▶第27代米
Calvin Coolidge:	**pigmy hippo:** コビトカバ	大統領 (在任 1909-1913)。
カルビン・クーリッジ　▶第30代	▶hippo は hippopotamus (カバ)	**cow:** 乳牛
米大統領 (在任 1923-1929)。	の略。	**graze:** (家畜が) 草を食う
menagerie:	**cub:** (肉食獣の) 子	**lawn:** 芝生
(巡業サーカスなどの) 動物園	**raccoon:** アライグマ	

　大統領の住居にいたペットはネコやイヌだけではなかった、というのが真相です。/

ＣＮＮ記者　カルビン・クーリッジもかなりの動物園を有していました。/ ボブキャットにビリーという名前のコビトカバ、子ライオン、それにアライグマまで。/ ウィリアム・タフトにはポーリンという名前の乳牛がいました。/ ホワイトハウスの芝生で草を食んだ最後の乳牛です。/

　セオドア・ルーズベルト大統領も、ちょっとした動物園を所有していたと言えます。/ オウムやクマ、シマウマ、それにそう、片足のニワトリですが、イヌが最も人気があったことは確実です。

セオドア・ルーズベルトも多くの動物に囲まれていた。

Theodore Roosevelt:
セアドア・ルーズベルト　▶第26代米大統領 (在任 1901-1909)。
of sorts: ある種の、ちょっとした
parrot: オウム
certainly: 確かに、疑いなく

☑️ **ニュースのポイント**
● バイデン大統領の愛犬がホワイトハウス入りした。
● アメリカの歴代の大統領たちは実にさまざまなペットを飼っていた。
● だが、イヌが大統領たちに最も人気のあるパートナーであることは間違いない。

👉 **理解のポイント**
③の直前には文の補語となる名詞節を導く that が省略されている。
④は to 不定詞の形容詞的用法で、後ろから the last cow を修飾している。

News 11

President Warren G. Harding's dog Laddie Boy was the first "first dog" to be regularly covered in the national press. /

Herbert Hoover had a dog he called King Tut. / Franklin D. Roosevelt's Scottish terrier was named Fala. / A statue of Fala is featured beside Roosevelt in the Franklin Delano Roosevelt Memorial in Washington, D.C. / The only presidential pet with such an honor.

全国紙に掲載された「ファースト・ドッグ」のラディ・ボーイ。　フランクリン・ルーズベルトと愛犬ファーラの彫像。

Warren G. Harding: ウォレン・ハーディング ▶第29代米大統領 (在任 1921-1923)。 **regularly:** 定期的に **cover:** (話題を) 取り上げる	**national press:** 全国紙 **Herbert Hoover:** ハーバート・フーバー ▶第31代米大統領 (在任 1929-1933)。	**Franklin D. Roosevelt:** フランクリン・D・ルーズベルト ▶第32代米大統領 (在任 1933-1945)。 **statue:** (彫) 像

　ウォレン・ハーディング大統領の愛犬ラディ・ボーイは、全国紙で定期的に取り上げられた最初の「ファースト・ドッグ」でした。/

　ハーバート・フーバーには、彼がキング・タットと呼んだ犬がいました。/ フランクリン・D・ルーズベルトのスコティッシュテリアはファーラと名づけられました。/ ワシントン D.C. のフランクリン・デラノ・ルーズベルト記念公園では、ルーズベルトの隣にファーラの彫像が展示されています。/ これほどの栄誉が与えられた、唯一の大統領のペットです。

ビル・クリントン元大統領と愛犬のバディ。

feature: 〜を呼び物にする
memorial: 記念館
honor: 名誉、称号

🚩 **Let's try to answer!**

How do you feel about U.S. Presidents having pets at the White House?

👉 **理解のポイント**

⑤は to 不定詞の形容詞的用法で、後ろから the first "first dog" を修飾している。

Robots Dancing "The Human"

人間さながらに踊るロボット登場！

1970年代のダンスブームの再来?!

natural slow
68 71

AZUZ: If I say Susie Q, Grizzly Bear and Madison, I'll probably get some confused stares. / If I say waltz, the Charleston and Gangnam style, the picture gets clearer. / And if I say the robot, hey a lot of folks will know I'm talking about a 1970s era dance that's seen a sort of resurgence.

Susie Q: スージーQ ▶1957年に発表されたデイル・ホーキンスの楽曲。1968年のクリーデンス・クリアウォーター・リバイバルのカバー版が有名。

Grizzly Bear: グリズリー・ベア ▶2004年に結成されたアメリカのロックバンド。
confused: 混乱した、困惑した

stare: じっと見ること、凝視
waltz: （ダンスの）ワルツ
Charleston: チャールストン ▶1920年代にアメリカで流行した踊り。

2020年にソフトバンクグループから韓国の現代（ヒュンダイ）自動車の傘下への移籍が決まったロボット開発企業ボストン・ダイナミクス社が、年末にロボットたちによる愉快なダンス動画を配信した。ロボットたちが軽快な動きで踊る曲は、1962年のコントゥアーズによる大ヒット曲「Do You Love Me」。今後、同社のロボット技術を医療や介護の分野などで活用することが検討されている。

AZUZ | アメリカ英語　　　　　　　　　　　難易度 ★ ★ ★

アズーズ　スージーQにグリズリー・ベア、マディソンと言ったら、たぶん困惑した顔で見られるでしょう。／ ワルツにチャールストン、カンナムスタイルと言えば、輪郭がはっきりしてきます。／ そしてロボットと言ったなら、多くの人が僕が何を言っているのか分かるはずです。一種の復活を見てきた1970年代の踊りです。

Gangnam style:
カンナムスタイル　▶2012年に世界中で大ヒットした韓国のアーティストPSYの楽曲。

picture: イメージ、概念
folks: 人々
era: 時代

see: 〜を経験する
sort of: 一種の、いわば
resurgence: 復活

News 12

犬型ロボット「Spot」が売り出し中！

CNN REPORTER: Dancing robots. / With enough rhythm to make someone tweet, "Great, now even robots have better moves than me." /

That's Spot, the Boston Dynamics robodog you can buy for $74,500. / Look at that footwork. / Noted one Twitter user, "That dog robot has come a long way." /

The dance video released by Boston Dynamics to celebrate a happier new year inspired humans to imitate the robots.

ボストン・ダイナミクス社は、人々に新年をもっと楽しく迎えてほしいという願いからこの動画を配信した。

rhythm: リズム、調子	**Boston Dynamics:**	**noted:** 有名な
tweet: (ツイッターで)〜をつぶやく、ツイートする	ボストン・ダイナミクス ▶ロボットを研究開発するアメリカの企業。	**come a long way:** 大きな進歩を遂げる
great: 素晴らしい (皮肉)	**robodog:** ロボット犬	**release:**
move: 動き	**footwork:** フットワーク、脚さばき	〜を公開する 、発表する

CNN REPORTER | アメリカ英語

ＣＮＮ記者 踊るロボットたち。/ そのリズミカルな動きは、ある人物にこんなことをつぶやかせました。「なんてこった、今やロボットまで自分よりいい動きをするなんて」/

あれは「スポット」というボストン・ダイナミクス社のロボット犬で、7万4500ドルで購入することができます。/ あの脚さばきを見てください。/ 有名なツイッターユーザーは、「あの犬型ロボットはすごい進歩を遂げた」。/

新年をもっと楽しく祝うため、ボストン・ダイナミクス社によって公開されたこのダンス動画は、ロボットたちをまねるよう人間を刺激しました。

2012 年に大ヒットしたPSYのカンナムスタイル。

celebrate: 〜を祝う
inspire: 〜に刺激を与える
imitate: 〜をまねる

☑ **ニュースのポイント**
● ロボット開発のボストン・ダイナミクス社が踊れるロボットの動画を配信。
● 同社から犬型ロボットSpotが発売中。
● 人間より踊りがうまいという声が続出している。

☛ **理解のポイント**
①のto不定詞は前のenoughと呼応し、enough ... toで「〜するのに十分なほど…」という意味を表す。
②はto不定詞の副詞的用法で、「目的」の意味を表している。

News 12

イーロン・マスクもその動きに感心

natural 70 / slow 73

"It's cool and creepy at the same time." / "We're doomed…"
Even Elon Musk was impressed, "This is not CGI." /

Instead of its usual work lifting boxes, handler the Robot worked the dance floor. / After years of being shoved by researchers, being dragged by the tail③ to test its doggedness, even kicked!④ /

The robots got their kicks for a change. / The robots do "the human" as well as humans do "the robot"?

ダンスフロアで炸裂するロボットたちの脚さばきに、イーロン・マスクもツイッターでコメント。

cool: カッコいい **creepy:** 気味が悪い **at the same time:** それと同時に **doomed:** 参った	**Elon Musk:** イーロン・マスク ▶アメリカの実業家。宇宙開発の スペースＸ社や電気自動車のテス ラ社などを設立。 **impressed:** 感心して **CGI:** コンピューターで作った画像 （=computer-generated image）	**instead of:** 〜の代わりに **usual:** いつもの、通常の **handler:** 調教師、トレーナー **work:** 〜の係である **shove:** 〜を押しやる、押しのける **researcher:** 研究者

Aired on January 4, 2021

　「カッコいいけど、同時に気味悪い」／「これには参った…」／ イーロン・マスクでさえもが感心して、「これはコンピューターで作った映像じゃない」。／

　いつもの箱を持ち上げる仕事の代わりに、トレーナー役のロボットがダンスフロアの係に。／ 何年も研究者に押しのけられ、根性を試すためにしっぽで引きずられ、蹴られさえしました。／

　趣向を変えて、ロボットたちは楽しみを得ました。／ 人間がロボットをまねるように、ロボットもまた人間をまねる?

研究者に荒々しく引きずられる気の毒なロボット。

drag: 〜を引きずる、引っ張る
tail: しっぽ、尾
doggedness: 粘り強さ、根性
kick: 〜を蹴る；楽しみ
for a change:
いつもと違って、趣向を変えて

👉 **Let's try to answer!**

Do you like the idea of robots dancing? Why is that?

👉 **理解のポイント**
③は to 不定詞の副詞的用法で、「目的」の意味を表している。
④の直前には being が省略されている。

News 12

News 01　Herd Immunity and Coronavirus Vaccines

Are you willing to get a vaccine? Why?

（ワクチンを受けたいですか。その理由は?）

> **キーワード**　**definitely**（間違いなく）　**affect**（〜に影響を与える）
> **livelihood**（生計、暮らし）

👍 Yes, definitely. This pandemic has affected people in so many ways. Some people have lost their lives, others their livelihoods. Millions of people are separated from family and friends. The only way to get back to normal is by reaching high levels of herd immunity, and vaccination is the best and safest way of achieving that.

（はい、間違いなく。このパンデミックはあまりに多くの面で人々に影響を与えてきました。命を失った人もいれば、暮らしを失った人もいます。非常に多くの人が家族や友人と引き離されています。通常に戻る唯一の方法が高いレベルの集団免疫に達することで、ワクチンはそれを獲得する最良で最も安全な方法です）

> **キーワード**　**jab**（ワクチンの予防接種）　**effect**（影響）　**benefit**（恩恵、メリット）

👍 I can't wait to get the Coronavirus jab. Getting vaccinated is the best way to protect yourself, as well as those around you against the effects of Covid-19. Although there is always a slight risk with any vaccination, that risk is small compared to the benefits of herd immunity.

（コロナウイルスのワクチンを受けるのを待ち切れません。ワクチン接種は自分自身だけでなく、周囲の人たちも新型コロナウイルスの影響から守ってくれる最良の方法です。どのワクチンにも多少のリスクはありますが、そのリスクは集団免疫のメリットに比べたら小さいものです）

News 02　The Future of the Office

Is it better to work from home or in an office? Why?

(在宅勤務と出勤のどちらがいいですか。その理由は?)

> キーワード　admit（〜を認める）　take a break（休憩する）　productive（生産的な）

🤚 I've been working from home for almost a year now. I must admit I really enjoy it. I don't have to get up early in the morning or wear a suit, and I can take a break whenever I like. I'm not sure that I'm as productive as I used to be, but I'm definitely happier.

(私はこれで1年近く在宅勤務をしています。それをとても楽しんでいることを認めざるを得ません。朝早くに起きたりスーツを着たりしなくても済み、いつでも好きな時に休憩できます。以前ほど生産的かどうか確信を持てませんが、より幸せであることは確かです)

> キーワード　rarely（めったに〜しない）　in person（じかに）　lonely（寂しい）
> hang out with（人と一緒に過ごす）

🤚 Although working at home is relaxing, I'm looking forward to returning to the office. The main reason is that I live alone. These days I rarely see anyone in person. It's kind of lonely. I miss hanging out with my friends in the office and after work.

(家で仕事をするのはリラックスできますが、私はオフィスに戻るのを楽しみにしています。主な理由は、私が一人暮らしをしているからです。最近はほとんど誰にも直接会っていません。ちょっと寂しい気がします。オフィスの中でや仕事の後に友達と一緒に過ごすのが恋しいです)

Tokyo Olympics To Be Held No Matter What

Do you think the Tokyo 2020 Olympics should be held ? Why?

（東京 2020 オリンピックは開催されるべきだと思いますか。その理由は?）

キーワード	**under control**（制御されて） **spread**（広がること） **limit**（～を制限する） **gather**（～を集める）

🗣 No. At present, the global Coronavirus pandemic is still not under control. In order to stop the spread of the virus, many countries are limiting travel. It doesn't seem like a good idea to gather athletes from every country in the world together in one place at this time.

（いいえ。現時点でコロナウイルスの世界的な大流行はまだ制御されていません。ウイルスの拡散を止めるために、多くの国が移動を制限しています。このような時に世界各国からアスリートを一箇所に集めるのは賢明な考えとは思えません）

キーワード	**depend on**（～次第である） **put a plan in place**（計画を実行する） **stick to rules**（規則を守る）

🗣 I'm not sure to be honest, I think it depends on the plans put in place to protect the incoming athletes, their supporters and the local staff. If everyone sticks to the rules, I guess it's possible for the Olympics to go ahead safely.

（正直に言って、よく分かりません。到着するアスリートや彼らのサポーター、そして現地スタッフを守るために整備される計画次第だと思います。皆が規則を守れば、安全にオリンピックを進めることができるのかもしれません）

News 04　Rocketing Value of Bitcoin

Are you interested in buying Bitcoins? Why?

（ビットコインを買ってみたいですか。その理由は？）

> **キーワード**　cryptocurrency（暗号通貨）　invest（投資する）　consider（〜を検討する）

👎 Not really. Bitcoin looks interesting, but I don't know much about cryptocurrencies. Investing in them seems to be quite risky. I would need to do more research before I considered it.

（そうでもありません。ビットコインは面白そうですが、私は暗号通貨についてあまり知りません。それらに投資するのはかなりリスクが高そうです。それを検討する前にもっと調べる必要があります）

Inauguration of the 46th President of the United States

How do you feel about Joe Biden becoming the new President of the United States?

（ジョー・バイデン氏が米国の新しい大統領になることについてどう思いますか）

> **キーワード** **overjoyed**（大喜びの） **rejoin**（〜に再加入する）
> **climate change**（気候変動） **issue**（重要な問題）

👍 I am overjoyed that Joe Biden is now President. One of his first actions was to rejoin the Paris Agreement on climate change. As climate change is the biggest issue facing us all, this is great news.

（ジョー・バイデン氏が今度の大統領になったことをとても喜んでいます。彼が最初に行った行動の一つが、気候変更に関するパリ協定に再加入することです。気候変動は私たち全員が直面する最大の問題なので、これは素晴らしいニュースです）

> **キーワード** **qualified**（適任の） **racism**（人種差別） **predecessor**（前任者）

👍 I am happy that Joe Biden is President. He also has a lot of experience as a politician. I feel that he is more qualified to deal with important issues such as the pandemic, racism and climate change than his predecessor.

（ジョー・バイデン氏が大統領になってうれしく思います。彼は政治家としても経験豊富です。彼は前任者よりもパンデミックや人種差別、気候変動などの重要な問題に対応するのに適していると感じます）

News 06　AI Brings Assistance to Online Classes

How do you feel about your emotions been analyzed by AI?

（自分の感情が人工知能に分析されることについてどう思いますか）

> **キーワード**　**accurate**（正確な）　**secondary**（二次的な）　**bias**（偏見、先入観）

🫱 I wouldn't mind personally, but I wonder how accurate it is? Can it really analyze the secondary emotions of people from different groups without bias? I would like to find out more about how it works.

（個人的には気にしませんが、それがどれほど正確なのか疑問に思います。異なる集団の人々の二次的な感情を本当に偏見なしで分析できるのでしょうか。それがどのように働くのかもっと知りたいです）

> **キーワード**　**facial expression**（顔の表情）　**react**（反応する）
> **environment**（周囲の状況）

👎 I don't really like the idea.　Even if the AI is able to analyze facial expressions, how does it know what is causing the expressions? For example, in the case of an online lesson, a student may be reacting to something in their own environment, like a bad smell or noise, not to something on the screen.

（そのアイデアはあまり好きではありません。人工知能が顔の表情を分析できるとしても、その表情を引き起こしているのが何なのか、どのように知ることができるのでしょう。例えばオンライン授業の場合、生徒は画面上のものではなく、自分の周囲の悪臭とか騒音といった何かに反応しているのかもしれません）

News 07 Restaurant Deliveries Shipped to Your Door

Do you often order food from a restaurant? Why?

（飲食店に出前を注文することは多いですか。その理由は?）

キーワード **time-consuming**（時間のかかる） **expensive**（費用のかかる） **kind**（種類）

👍 Yes, I do. I live by myself. Cooking for one is time-consuming and expensive. Before the pandemic hit, I often went to restaurants with my friends. This kind of service is good for customers and businesses.

（はい、よくします。私は一人暮らしです。一人分の料理を作るのは時間もお金もかかります。パンデミックになる前は、友達とよく店に行きました。こうしたサービスは客と店の両方にとって良いものです）

キーワード **fat**（脂質、脂肪） **salt**（塩分） **cheap**（安価な） **healthy**（健康的な）

👎 No. I have a big family. Ordering food from a restaurant for everyone can be very expensive. Also, a lot of take-out food is very high in fat and salt. I think cooking at home is not only a lot cheaper, but also healthier.

（いいえ、私の家は大家族です。飲食店に全員分の食事を注文するのは、とても高くつきます。また、テイクアウトの料理の多くが脂肪と塩分を多く含みます。家で料理を作った方がずっと安いだけでなく、健康的でもあると思います）

News 08　Military Coup in Myanmar

How do you feel about the fact that a coup is actually taking place today?

（今日、クーデターが実際に起こっていることについてどのように感じますか）

> キーワード　unbelievable（信じ難い）　ignore（〜を無視する）
> democratic election（民主的な選挙）
> international community（国際社会）

🤙 I felt really shocked to hear the news about the coup in Myanmar. It seems unbelievable that the military are just ignoring the results of a democratic election. I think the international community needs to take action to help the people of Myanmar.

（ミャンマーのクーデターについてのニュースを聞いて、本当にショックを受けました。民主的な選挙の結果を軍が全く無視していることが信じ難いです。ミャンマーの人々を助けるために国際社会が行動を起こすべきだと思います）

The Changing Travel Industry

Would you like to use this kind of digital service to plan your next trip? Why or why not?

（次の旅行を計画するのに、こうしたデジタルなサービスを利用したいですか。それはなぜですか）

キーワード **definitely**（間違いなく）　**in advance**（前もって）　**research**（〜を調査する）

👍 Yes, definitely. By planning everything in advance you can save time and money. Researching where to go is also a lot of fun. This kind of technology makes it much easier.

（はい、ぜひしたいです。前もって全部計画することで時間とお金を節約できます。どこに行くか調べるのは、大きな楽しみでもあります。こうしたテクノロジーはそれをずっと簡単にしてくれます）

キーワード **spontaneity**（自然発生、のびのびしていること）　**prefer**（〜を好む）
　　　　　wander around（ブラブラ歩き回る）

👎 Not especially. While it is good to have some idea about where you want to go, this kind of planning takes all the spontaneity out of a trip. I don't like to plan too much. I prefer to just go to a place and wander around.

（いいえ、特には。どこに行きたいかについて考えるのはいいことですが、こうした計画は旅行の自然な成り行きをなくしてしまいます。あまり計画し過ぎるのは好きではありません。とりあえずそこに行って、ブラブラ歩き回る方が好きです）

News 10 A Mineral to Make Solar Panels More Efficient

Are you interested in having solar panels installed on your roof?

（自宅の屋根にソーラーパネルを設置することに興味はありますか）

キーワード　**option**（選択肢）　**consider**（〜を検討する）　**extra**（余分な）

👍 I live in a rented apartment. So, having solar panels installed is not an option for me. However, if I buy a house or apartment in the future, I will definitely consider it. One of my friends has solar panels on her house, and she sells her extra electricity to an electric company!

（私は賃貸アパートに住んでいます。なので、ソーラーパネルの設置は私の選択肢にはありません。でも、将来家かアパートを購入したら、ぜひ検討したいです。友達の一人は家にソーラーパネルがあり、彼女は余った電力を電力会社に売っています）

キーワード　**rebuild**（〜を改築する）　**initially**（最初は）　**generate**（〜を作り出す）
recommend（〜を勧める）

👍 When we had our house rebuilt a few years ago, we had solar panels installed. Although it was a little expensive initially, now we generate most of our own electricity. It's a good feeling! I would definitely recommend having solar panels installed.

（数年前に自宅を改築した時にソーラーパネルを設置しました。最初は少し費用がかかりましたが、今では自分たちが使う電気のほとんどを作り出しています。これは良い気分です！ ぜひソーラーパネルを設置することを勧めます）

The Legacy of U.S. "First Pets"

How do you feel about U.S. Presidents having pets at the White House?

（米国の大統領たちがホワイトハウスでペットを飼うことについてどう思いますか）

キーワード　**unwanted**（望まれていない）　**put to sleep**（安楽死させる）
literally（文字どおり）　**re-home**（～に新しい飼い主を見つける）

👍 I think it's great. I especially like that one of Joe Biden's dogs, Major, is a rescue dog. Many unwanted dogs are put to sleep every year. There are literally thousands of animals waiting in shelters to be re-homed. This sets a really good example.

（素晴らしいことだと思います。特にジョー・バイデンの愛犬のうちの一匹が救助犬だということが気に入っています。毎年多くの望まれないイヌが安楽死させられています。文字どおり数千匹の動物たちが、シェルターで新たな飼い主が見つかるのを待っています。大統領がペットを飼うことは、とても良いお手本になります）

News 12　Robots Dancing "The Human"

Do you like the idea of robots dancing? Why is that?

（ロボットが踊るという考えは好きですか。それはなぜですか）

キーワード　**disturbing**（不安にさせる）　**upset**（動揺して）　**clip**（カットされた場面）

I find the idea of dancing robots a bit disturbing. When they dance, they look very human. It makes me wonder if they have feelings. I felt very upset to see the scientist kick the dog robot in the news clip. I guess I've seen too many movies!

（ロボットが踊るという考えには少し抵抗を感じます。彼らが踊ると、とても人間的に見えます。彼らに感情があるのではないかと思ってしまいます。ニュース動画で科学者がロボット犬を蹴るのを見てとても悲しくなりました。映画の見過ぎでしょうか）

キーワード　**perform**（～を演じる）　**intricate**（複雑な）　**advance**（進歩する）

I think it's a cool idea. The fact that they can perform such intricate moves shows how far technology has advanced. I wish I could dance that well. I'm looking forward to see more robots dancing in the future.

（とてもクールなアイデアだと思います。彼らがあれほど複雑な動きを演じられるという事実は、科学技術がどれほど進歩したのかを表しています。私もあんなにうまく踊れたらと思います。今後、もっと多くのロボットが踊るのを見てみたいです）

重要ボキャブラリー

ニュースで取り上げた重要ボキャブラリーをまとめてあります。訳語の後ろの数字は、その語いが出てくるニュースの番号を示しています（例：N01=News 01）。これらを覚えるだけでも、英語ニュースの理解に必要な語いを増やすことができます。

A

- □ **according to:** 〜によれば　N09
- □ **achieve:** 〜を獲得する、得る　N01
- □ **actually:** 実際は、本当は　N04
- □ **administer:** （薬などを）投与する　N01
- □ **adopt:** 〜を導入する、採用する　N09
- □ **advance:** 〜を前進させる、促進する；前進、進歩　N06, N09
- □ **advantage:** 強み、長所　N10
- □ **advocate:** 擁護者、支持者　N04
- □ **allow...to:** …に〜することを許す　N02, N09
- □ **ambition:** 野心、野望　N10
- □ **analyze:** 〜を分析する　N06
- □ **anywhere from...to:** …から〜の範囲に　N07
- □ **appetizing:** 食欲をそそる　N07
- □ **approved:** 承認された　N01
- □ **argue:** 〜を主張する　N04
- □ **arrest:** 〜を拘束する、逮捕する　N08
- □ **artisan:** 職人　N07
- □ **assistance:** 支援、手伝い　N06
- □ **authentic:** 本物の、正統派の　N09
- □ **autonomous:** 自立した　N09

B

- □ **ballot box:** 投票箱　N08
- □ **based:** 〜に拠点のある　N09, N10
- □ **basically:** 基本的に、元来　N04
- □ **benefit:** 利益、ためになること　N06
- □ **billion:** 10億　N06, N09
- □ **book:** 〜を予約する　N09
- □ **bring on:** 引き起こす、招く　N04
- □ **brutally:** 容赦なく、残忍に　N08
- □ **build:** 〜を作り上げる、築く　N07
- □ **business:** 事業、ビジネス　N06

C

- □ **candidate:** 候補者　N08
- □ **case:** 症例、患者；状況　N01, N02

- □ **categorically:** 断固として、きっぱり　N03
- □ **century:** 1世紀　N08
- □ **certainly:** 確かに、疑いなく　N11
- □ **claim:** 〜を主張する；主張　N08
- □ **closure:** 休業、閉鎖　N07
- □ **commissioner:** （官庁の）長官、委員　N01
- □ **committed:** 情熱を注いだ、熱心に取り組む　N03
- □ **committee:** 委員会　N03
- □ **complement:** 〜を完全にする、補完する　N09
- □ **concern:** 〜に関係する　N05
- □ **confused:** 混乱した、困惑した　N12
- □ **constitution:** 憲法　N05
- □ **convert...into:** …を〜に変える　N10
- □ **coup:** クーデター、政変　N08
- □ **cover:** （話題を）取り上げる　N11
- □ **create:** 〜を作る、創り出す　N09
- □ **critical:** 非常に重大な、重要な　N02
- □ **crush:** 〜を押しつぶす；〜に圧勝する　N08
- □ **currency:** 通貨　N04
- □ **currently:** 現在　N04
- □ **customer:** 顧客　N07

D

- □ **dawn:** 夜明け　N08
- □ **declare:** 〜を宣言する　N08
- □ **deep:** 困難な、深刻な　N08
- □ **despite:** 〜にもかかわらず　N08
- □ **detect:** 〜を見つける、見抜く　N06
- □ **devastating:** 壊滅的な　N02
- □ **develop:** 〜を発達させる、開発する　N01, N09
- □ **dictatorship:** 独裁（政治）　N08
- □ **discuss:** 〜について話し合う　N03
- □ **disease:** 病気、疾患　N01, N03
- □ **dose:** （薬の）1回分　N01
- □ **double:** 〜を倍増させる；2倍になる　N07, N10
- □ **doubt:** 疑念、懸念　N03
- □ **drug:** 薬、薬品　N01

E

- □ **efficient:** 効率的な　N10
- □ **elected:** 当選した　N08
- □ **electricity:** 電気、電力　N10
- □ **embrace:** 〜を受け入れる、採用する　N02
- □ **emergency:** 緊急の　N01
- □ **emotion:** 感情；感情の、感動的な　N06, N07
- □ **entire:** 全体の　N09, N10
- □ **entrepreneur:** 起業家　N09
- □ **environment:** 環境　N05
- □ **era:** 時代　N12
- □ **establishment:** 民間組織　N07
- □ **eventually:** 最終的に、いつかは　N10
- □ **evidence:** 証拠　N08
- □ **expand:** 〜を大きくする、拡大する　N08
- □ **expect:** 〜を予想する、予期する　N07
- □ **expensive:** 費用のかかる　N02
- □ **experience:** 経験、体験　N09
- □ **experiment:** 実験　N02
- □ **expert:** 専門家　N04

FGH

- □ **feature:** 特徴、顔の造作；〜を呼び物にする　N06, N11
- □ **flexible:** 曲げやすい、しなやかな　N10
- □ **folks:** 人々　N12
- □ **forced:** 強制的な、強制された　N07
- □ **former:** 元の、かつての　N01, N11
- □ **fraction:** 少量　N04
- □ **fraud:** 詐欺（行為）　N04
- □ **fulfill:** 〜を果たす、満たす　N04
- □ **gap:** 隙間、かい離　N09
- □ **government:** 政府、政権　N08
- □ **herd immunity:** 集団免疫　N01
- □ **hit:** 襲う、起こる　N07
- □ **hold:** 〜を開催する　N03
- □ **honor:** 名誉、称号　N11
- □ **hugely:** 非常に、極めて　N10

I

- □ **illness:** 病気　N01
- □ **imitate:** 〜をまねる　N12
- □ **immigration:** 移民　N05

- □ **immune:** 免疫があって　N01
- □ **impact:** 影響、衝撃　N02
- □ **impressed:** 感心して　N12
- □ **incorporate:** 〜を取り入れる、組み込む　N10
- □ **increase:** 増加、増大　N01
- □ **increasingly:** ますます、だんだん　N09, N10
- □ **individual:** 個人、人間；個人の　N05, N09
- □ **industry:** 産業　N10
- □ **inefficient:** 非効率的な　N10
- □ **infected:** 感染した　N01
- □ **inspire:** 〜に刺激を与える　N12
- □ **institution:** 機関、施設　N04
- □ **interactive:** 対話式の、インタラクティブな　N09
- □ **investor:** 投資家　N04

JKL

- □ **justify:** 〜を正当化する　N08
- □ **kick in:** （薬などが）効く　N01
- □ **lab:** 研究室（=laboratory）　N10
- □ **landmark:** 名所、歴史的建造物　N09
- □ **lawmaker:** 立法府の議員　N08
- □ **layer:** 層、レイヤー　N10
- □ **legacy:** 受け継いだもの、遺産　N11
- □ **lightweight:** 軽量の、軽い　N10
- □ **limit:** 制限　N07
- □ **local:** 地元の、その地域の　N06, N07, N09

MNO

- □ **mandate:** 委任、負託　N08
- □ **means:** 手段、方法　N07
- □ **measure:** 〜を測る、測定する　N06
- □ **medical:** 医療の　N01
- □ **mention:** 〜に言及する　N05
- □ **military:** 軍の、軍事的な　N08
- □ **million:** 100万　N07
- □ **mom-and-pop:** 家族経営の　N07
- □ **naturally:** 自然に　N01
- □ **neighborhood:** 近隣、付近　N07
- □ **noted:** 有名な　N12
- □ **numerical:** 数字で表した　N05
- □ **official:** （政府機関などの）当局者　N03
- □ **officially:** 正式に、公式に　N03, N05
- □ **organization:** （経営）組織　N07
- □ **organizer:** 組織者、事務局　N03

□ owned: 所有する　N08

P

□ pandemic: 世界的流行病　N03, N05, N07

□ party: 関係者、当事者、団体　N04

□ period: 時期、時代　N08

□ permanently: 永久に、いつまでも　N02

□ place: 〜を設置する　N10

□ plunge: 急落する　N04

□ poll: 投票　N08

□ population: 人口、（ある地域に住む）全住民　N01

□ postpone: 〜を延期する　N03

□ precaution: 予防措置　N01

□ predecessor: 前任者　N05

□ prevent ... from: …が〜するのを防ぐ　N01

□ privately: 非公式に、内密に　N03

□ productive: 生産的な　N02

□ productivity: 生産性、生産力　N02

□ provide: 〜を提供する　N08

□ publicly: 政府によって、公然と　N03

R

□ rate: 割合、比率　N10

□ record: 記録、履歴　N04

□ recover: （病気などから）回復する　N01

□ reduce: 〜を縮小する、減らす　N02

□ regularly: 定期的に　N11

□ release: 〜を公開する、発表する　N12

□ reliant: 依存している　N02

□ report: 報道、記事　N03

□ require: 〜を必要とする　N01

□ research: 研究、調査　N09

□ residence: 住居、邸宅　N11

□ resurgence: 復活　N12

□ revenue: 収益、収入　N07

□ rocket: （価格が）急騰する　N04

□ role: 役目、任務　N04, N05

□ run: （プログラムなどを）実行する　N04

S

□ serve: 仕える、勤務する　N05

□ set to: 〜することになっている　N06, N10

□ shift: 変化、転換　N02

□ showcase: 〜を紹介する、見せる　N09

□ significant: 重要な、意味のある　N03

□ silver lining: 希望の光　N01

□ size: 数、量　N07

□ solution: 解決（策）　N06

□ spark: 〜の火付け役となる、〜を引き起こす　N02

□ spike: 急上昇する　N04

□ spread: 広がる　N03

□ spur...on: （人を）刺激する　N09

□ struggle: 悪戦苦闘する、苦労する　N06

□ survey: （人に）世論調査を行う　N02

TU

□ tech: 科学技術（の）（=technology）　N09

□ term: 用語、言葉；任期　N05, N11

□ threat: 脅威　N08

□ traditional: 伝統的な　N04

□ transaction: 取引、売買　N04

□ transform: 〜を変える、転換する　N10

□ transmit: （ウイルスなどを）伝染させる　N01

□ transparent: 透明な　N04, N10

□ troops: 軍隊　N08

□ uncertainty: 不確実、不安　N08

□ underlying: 下にある、土台となる　N04

□ unexplored: まだ発見されていない　N09

□ unit: （通貨の）単位　N04

□ unsuitable: 不適当な、不向きな　N02

VW

□ vaccine: ワクチン　N01

□ value: 価値、値段　N04, N09

□ variant: 異形、変形　N01

□ via: 〜によって、〜を用いて　N06

□ violent: 暴力による、暴力的な　N08

□ vote: 投票する　N08

□ work: 機能する、効き目がある　N01, N04, N06

□ worth: 〜の価値がある　N04

オンラインサービス登録

下記のURLから（検索せずに、アドレスバーにURLを直接入力してください）、またはQRコードを
読み取って、オンラインサービスの登録を行ってください。

https://www.asahipress.com/cnn10/ha21fp/

【注意】本書初版第1刷の刊行日（2021年3月25日）より1年を経過した後は、告知なしに上記申請サイト
を削除したりデータの配布や映像視聴サービスをとりやめたりする場合があります。あらかじめご了承ください。

［MP3 音声 & オンラインサービス付き］
初級者からのニュース・リスニング
CNN Student News 2021 ［春］

2021年3月25日　初版第1刷発行

編集	『CNN English Express』編集部
発行者	原 雅久
発行所	株式会社 朝日出版社
	〒101-0065　東京都千代田区西神田 3-3-5
	TEL: 03-3263-3321　FAX: 03-5226-9599
	https://www.asahipress.com/
印刷・製本	図書印刷株式会社
DTP	株式会社メディアアート
英文校閲	Nadia McKechnie
音声編集	ELEC (一般財団法人 英語教育協議会)
ブックデザイン	阿部太一 デザイン